UNIVERSITÉ DE LYON — FACULTÉ DE DROIT

LES DOCTRINES DE LA POPULATION

EN FRANCE

 AU XVIIIe siècle *17448*

De 1695 à 1776

I0039382

THÈSE POUR LE DOCTORAT

(Sciences politiques et économiques)

PRÉSENTÉE ET SOUTENUE DEVANT LA FACULTÉ DE DROIT DE LYON

Le 6 Janvier 1912, à 4 heures du soir

PAR

ANTONIN PUVILLAND

LYON

IMPRIMERIE DE LA « REVUE JUDICIAIRE »

23, Rue Claudia, 23

1912

LES DOCTRINES DE LA POPULATION EN FRANCE

AU XVIIIᵉ SIÈCLE DE 1695 à 1776

UNIVERSITÉ DE LYON — FACULTÉ DE DROIT

LES DOCTRINES DE LA POPULATION

EN FRANCE

AU XVIIIe siècle

De 1695 à 1776

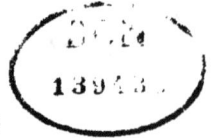

THÈSE POUR LE DOCTORAT

(Sciences politiques et économiques)

PRÉSENTÉE ET SOUTENUE DEVANT LA FACULTÉ DE DROIT DE LYON

Le 6 Janvier 1912, à 4 heures du soir

PAR

ANTONIN PUVILLAND

LYON

IMPRIMERIE DE LA « REVUE JUDICIAIRE »

23, Rue Clandia, 23

—

1912

BIBLIOGRAPHIE

OUVRAGES

DAIRE. — Les Economistes du XVIIIᵉ siècle, Vauban, Bois-guilbert, Law, Melon, Dutot, 1 vol., Paris, Guillau-min, 1843.

MONTESQUIEU. — Les Lettres Persanes, 1721, Œuvres, éd. 1825, t. I.

— L'Esprit des Lois, 1748, Œuvres, éd. 1825, t. III et IV.

VOLTAIRE. — Le Dictionnaire philosophique, éd. 1785, t. 42.
— L'Essai sur les Mœurs, éd. 1785, t. 18.

CHASTELLUX. — La Félicité publique, éd. Renouard, 1822, 2 vol., t. 2, chap. V, VIII.

QUESNAY. — Œuvres, éd. Oncken, 1888, 1 vol.

MIRABEAU. — L'Ami des Hommes, éd. Rouxel, 1885, 1 vol.
— La Philosophie rurale, 1765.

HERBERT. — Essai sur la police générale des grains, éd. Depitre, 1910, 1 vol.

MALTHUS. — Essai sur le principe de Population, 3ᵉ éd., Prévost, Paris, 1845.

E. LEVASSEUR. — La Population Française, Paris 1889, 3 vol., t. I, chap. 11 et 12.

M. BLOCK. — Les Progrès de la Science économique, Paris 1897, t. I, chap. 21.

H. DENIS. — Histoire des systèmes économiques et socia-listes, 1907, t. II, chap. 1.

SCHMOLLER. — Principes d'Economie Politique, 5 vol., Paris 1905, traduct. Platon, t. I.

F. NITTI. — La Population et le Système social, Turin 1897, 1re partie.

R. GONNARD. — La Dépopulation en France, thèse, Lyon 1898, chap. 1.

P. REYNAUD. — La Théorie de la Population en Italie du XVIe au XVIIIe siècle, thèse, Lyon, 1904.

G WEULERSSE. — Le Mouvément Physiocratique en France de 1756 à 1770, thèse ès-lettres, Paris, 1910, t. II, liv. V.

C. STANGELAND. — Premalthusian doctrines of Population, New-York, 1904, chap. IV, VII, IX.

CONRAD. — Handworterbuch der Staatswissenchaften, 1891, t. II, art. Bevolkerungswesen.

F. FAURE. — Les Précurseurs de la statistique, dans Notes sur Paris, 1909.

J. BERTILLON. — La Dépopulation de la France, Paris 1911.

H. CLÉMENT. — La Dépopulation de la France, Paris 1907.

A. DES CILLEULS. — La Population française, Paris, 1902.

REVUES

Le Journal des Economistes, année 1885, La Question de la Population au XVIIIe siècle, par H. Baudrillart.

La Réforme Sociale, année 1908, t. 56. Compte-rendu du XXVIIe Congrès annuel de la Société d'Economie sociale, sur la Population.

Scientia, année 1909. Les trois théories de la Population, par A. Landry.

Revue d'Economie Politique, années 1902, 1903, Dépopulation et législateurs, par R. Gonnard.

Revue d'Histoire des Doctrines économiques et sociales :
année 1908, Les doctrines de la population au XVIIIe siècle, par R. Gonnard.
année 1909, Les idées de Quesnay sur la population, par A. Landry.
année 1909, De Malthus à Berthelot, par A. de Foville.

INTRODUCTION

« Un problème angoissant devrait seul occuper la pensée des Français » (1) *proclamait M. Bertillon, dans un récent ouvrage, où le savant démographe, se faisant une fois encore l'interprète éloquent des révélations de la statistique, dénonçait à l'opinion soucieuse de l'avenir national le péril extrême, que fait courir à la France, l'abaissement exceptionnel de sa natalité.*

Ce phénomène qu'on redoute aujourd'hui comme un danger public et dans lequel on voit non seulement une cause de déchéance politique et de dégradation morale, mais encore un obstacle au développement de la richesse publique, apparaissait au contraire au commencement du siècle dernier comme très favorable au progrès de la civilisation.

A cette époque, la plupart des économistes français, qui voyaient dans la théorie de Malthus un argument

---

(1) V. Bertillon : La Dépopulation de la France, 1911, avant-propos.

fondamental de la doctrine individualiste, s'étaient trouvés d'accord pour en accepter les conclusions soi-disant scientifiques et pour encourager les hommes à combattre la misère par la restriction volontaire de leur progéniture.

Mais bientôt le courant des idées prit une autre direction, lorsque, vers 1848, les recherches statistiques commencèrent à signaler, au lieu d'un développement excessif, une décroissance marquée de la natalité.

Aussi bien, les écrivains mêmes qui se plaignaient auparavant de la trop grande multiplicité des naissances et croyaient aux menaces de surpopulation, furent contraints par l'évidence des faits à se préoccuper dès lors des symptômes plus inquiétants de la tendance opposée.

Rien n'est plus instructif que ce brusque changement d'opinion pour démontrer qu'en dehors d'une application large et désintéressée de la méthode inductive, il est impossible d'édifier la formule générale de la loi de la population. Cela posé, toute doctrine particulière, fût-elle d'un homme illustre, ne saurait contribuer à la solution du problème de la population, qu'autant qu'elle est le résultat de l'observation impartiale des phénomènes démographiques. De la théorie de Maltuhs, dont le succès fut éclatant, il y a plus d'un siècle, il ne reste plus grand'chose à retenir aujourd'hui. Sous l'action dissolvante de la vérité, issue des recherches objectives, les idées préconçues, les hypothèses vagues, se sont peu à peu, comme des parties caduques, détachées du fameux système. L'état de surpopulation que celui-ci représentait comme un phénomène réel, comme une condition normale de la vie sociale, se vérifie tout au plus, dans les sociétés civilisées, parmi les couches inférieures de la population, chez ceux dont l'imprévoyance résulte en partie de leur condition misérable, dépourvue de toute chance d'amélioration.

Aussi restreinte que soit la part de vérité qu'il contient, l'Essai sur la Population n'en reste pas moins digne d'admiration. Il serait injuste, en effet, de contester à l'auteur la pureté de ses intentions philanthropiques et le caractère de grandeur morale qui règne dans son livre. En outre, s'il est vrai que sous sa première forme l'œuvre de Malthus soit dominée par la méthode déductive, les éditions qu'il fit paraître ensuite témoignent de la pénétration remarquable qu'il sut appliquer à la recherche consciencieuse des faits.

Mais au point de vue de la théorie même de la population, on voit, d'après ce qui précède, combien il serait faux de chercher dans la doctrine de Malthus la solution définitive du problème de la population.

Ce serait une erreur non moins grossière de s'imaginer que Malthus eut le mérite d'ouvrir la voie aux recherches démographiques et de reconnaître le premier dans le problème de la population l'une des questions les plus considérables de l'Economie politique.

Malthus n'a jamais eu la prétention d'avoir découvert des principes absolument nouveaux. Dans la préface de la troisième édition de son Essai sur la Population, il énumère tous ceux dont les œuvres lui ont suggéré l'idée centrale de son système, et son témoi-

gnage se trouve aujourd'hui confirmé par l'étude atten-
tive des auteurs qui l'ont précédé.

De l'histoire des doctrines antérieures à celles de
Malthus, il résulte que la question de la population a,
de tout temps, fait l'objet des préoccupations les plus
vives. Parmi les législateurs, les philosophes et les économistes, nombreux sont les écrivains qui ont reconnu
la gravité du problème et consacré à ce sujet des aperçus intéressants (1). Mais bien qu'il soit aisé de retrou-
ver, chez les auteurs les plus anciens, comme au Moyen-
Âge, le germe des conceptions divergentes, qui ont entraîné dans des directions opposées, les économistes
de notre temps, cette étude ne saurait guère présenter
qu'un intérêt accessoire.

Découvrir les opinions isolées, les intuitions profondes, les analogies, les affinités étroites, par où la
pensée moderne recueille l'héritage du passé, cela permet de chasser bien des illusions sur l'originalité de
nos idées, mais ne remplit pas le véritable but de la
critique historique.

Ce qu'il est utile et nécessaire d'apprendre, c'est à
mesurer l'espace parcouru par l'esprit humain, pour
parvenir à ce degré de certitude scientifique dont il
peut seulement s'enorgueillir. Voir comment les théories économiques se sont dégagées peu à peu des éléments hétérogènes dans lesquels, à l'origine, elles se

---

(1) V. REYNAUD : La théorie de la population en Italie (du
XVIIᵉ au XVIIIᵉ siècle), p. 5. et suiv.
V. GONNARD : La dépopulation de la France, c. I.

trouvaient enveloppées, reconstituer l'élaboration dont elles sont issues et la courbe accidentée qu'elles ont suivie dans leur évolution, tel est l'objet de l'histoire en matière de doctrines économiques.

Aussi bien l'étude des différentes théories sur la population commence-t-elle d'offrir un sérieux intérêt à partir du moment où la pensée économique se sépare de la théologie et de la morale. Le rigoureux effort d'émancipation qui, vers le seizième siècle, avec la renaissance des études antiques, ouvre une voie indépendante à la recherche scientifique, aboutit d'autre part à la constitution des grandes nationalités modernes.

C'est alors que des considérations théoriques au sujet de l'augmentation et du déclin de la population devinrent possibles, quand on se mit à raisonner sur la vie de l'Etat et de la société en général.

De même, le législateur devait avoir à suivre une politique déterminée en matière de population, lorsque l'Etat se fut éveillé au sentiment de lui-même, avec la conscience d'être une entité organique supérieure à l'agrégation des individus qui le composent.

Mais précisément à cause des nécessités de l'organisation politique et sociale, qui l'emportaient à cette époque sur les questions économiques, celles-ci sont encore subordonnées à la raison d'Etat.

En France particulièrement, la pensée des écrivains, qui traitent de la population, au XVIᵉ et au XVIIᵉ siècles, se trouve dominée par l'intérêt du Prince. La concentration des idées s'opère autour d'un principe : celui du pouvoir absolu et sans limite de l'Etat.

Sous l'influence de cette conception autoritaire, la théorie qui prévaut au sujet de la population revêt les apparences d'un dogme. L'accroissement de la population est considéré comme le bien suprême de l'Etat, qui doit l'encourager par tous les moyens possibles. Cette croyance, qui poussa chez nous des racines profondes, à l'époque mercantiliste, occupe dans l'histoire des doctrines de la population une place très importante.

Cependant, si l'on s'en tient à remonter aux origines immédiates de l'évolution des idées en matière de population, c'est au début du XVIII° siècle qu'il convient de fixer le point de départ de cette étude.

Le passage de l'esprit de foi à l'esprit critique se manifeste alors dans les idées économiques comme dans les autres parties du domaine de la pensée. Un mouvement de réaction commence à se dessiner dans l'opinion contre les principes et les résultats du régime pratiqué par Colbert. On voit apparaître à ce moment certaines idées directrices qui, subissant une évolution lente dans la première moitié du XVIII° siècle, finiront par se coordonner dans un véritable système, impliquant une conception nouvelle de l'organisation économique.

On sait, d'autre part, dans combien de directions nouvelles les esprits se lancèrent, à partir de cette époque, sous l'impulsion d'un violent désir d'émancipation. Le mépris de la tradition et de l'autorité, le culte de la raison humaine, l'ambition de connaître tous les secrets de la nature, l'esprit d'examen, la discussion,

*la recherche scientifique, voilà les tendances qui domi-
nent la pensée du* XVIIIe *siècle.*

*Dans ces conditions, il paraît donc légitime de s'en-
quérir des éléments nouveaux dont a pu s'enrichir, au
cours de cette période troublée de l'opinion française,
le problème de la population.*

*A cet égard, le prestige conservé par l'Essai de Mal-
thus a, pendant longtemps, relégué dans l'ombre l'œuvre de ses prédécesseurs.*

*« Avant Malthus, écrit un économiste italien, M. Nitti,
presque tous les économistes n'étudiaient point cette
question : ils se contentaient de déclarer que le devoir
des souverains et des républiques consistait à encourager par tous les moyens possibles l'accroissement de
la population. »*

*Cette opinion, qui résume une impression générale
trop superficielle, demande une révision sérieuse, en
ce qui concerne du moins nos écrivains du* XVIIIe *siècle.*

*La plupart d'entre eux, il est vrai, n'ont pas appro-
fondi la question. Beaucoup l'ont entrevue à travers des
préoccupations philosophiques ou politiques. S'ap-
puyant sur des prémisses fausses, ils ne pouvaient aboutir qu'à des conclusions entachées d'erreur. Il est bon,
cependant, de noter chez eux les vérités dont ils ont
jeté la semence parmi leurs contemporains. Quelle que
soit, d'ailleurs, pour chacun de ces auteurs, la valeur
de sa part contributive à la solution du problème, ne*

---

(1) F. Nitti : La Population et le Système social, p. 11.

convient-il pas d'envisager surtout le résultat de leur œuvre commune ?

A ce point de vue, rien n'est plus instructif que le spectacle des progrès qu'ils ont fait accomplir aux recherches démographiques. Grâce à leurs efforts, la question de la population s'est dépouillée de sa forme empirique et routinière pour revêtir un caractère scientifique.

Peu à peu, des faits mieux observés et méthodiquement recueillis, certains auteurs, dont les noms restent obscurs, comme celui de Messance et de Moheau, sont arrivés à dégager des vues nouvelles, substituant aux vagues conjectures des vérités utiles et durables.

Aussi bien, c'est aux hommes du XVIII° siècle que revient l'honneur d'avoir dirigé dans sa véritable voie la question de la population. Ce mérite est assez grand pour justifier, au point de vue théorique, l'examen de leurs écrits.

Cependant, un autre intérêt s'attache à cette étude. Le problème de la population soulève, aujourd'hui plus que jamais, des considérations d'ordre pratique.

En présence de ce fait que la stérilité systématique est la cause principale de la diminution progressive de la natalité, on a voulu chercher les origines de cette mentalité, qui développe chez nous, d'une manière anormale, ses conséquences funestes. Jetant un regard en arrière, on s'est d'abord arrêté à la doctrine de Malthus. Sans doute, l'Essai sur la Population a mis en lumière la cause du mal. En préconisant la contrainte

morale, il a donné libre essor aux instincts égoïstes,
et son système, dénaturé par une odieuse contrefaçon,
a répandu des habitudes contraires à la nature. Cependant, si grande que soit la part de responsabilité qui
incombe à la théorie de Malthus, il est certain que
celle-ci n'a pas causé tout le mal.

« Nous sommes bien les fils de nos pères », conclut
en effet M. Levasseur, à la fin de ses recherches sur
le mouvement de la population au XVIII° siècle, après
avoir montré qu'à cette époque les conditions démographiques ne se différenciaient pas de celles d'aujourd'hui autant qu'on le suppose ordinairement. A ce point
de vue encore, on voit quel intérêt il y a à consulter les
sources de la statistique française en voie de formation. Ces humbles travaux renferment, sur les diverses
classes de la société française au XVIII° siècle, des documents très importants, dont l'autorité confirme les enseignements de l'histoire. A l'égard des préoccupations
qui nous agitent au sujet de la population, il est bon
d'interroger le XVIII° siècle, dont la chaîne des générations nous a transmis la manière de vivre et de penser.
Sans doute, il existe de notre temps des modalités nouvelles du problème de la population, et peut-être, avec
des symptômes plus effrayants de décadence, des raisons plus graves de désespérer. Il n'en est pas moins
vrai que nos anciens auteurs du XVIII° siècle ont
abordé la question par le côté même qui nous
inquiète.

En face de ce danger de la dépopulation que redoutaient nos pères, alors même que les faits ne justi-

fiaient plus leur crainte (1), *tandis que pour nous il s'agit d'un péril de plus en plus menaçant, il n'est pas inutile d'évoquer la France d'autrefois, pour lui demander comment elle répondit à cette question si grave de la population, sous l'influence de quelles idées et dans quel sens elle eût à modifier l'orientation de ses recherches.*

Parmi les éléments de solution qu'elle recueillit, nous verrons s'il en est dont l'importance a grandi de nos jours. Du spectacle des plaies qui, sous l'ancien régime, affligaient déjà la population française, et des efforts que nos aïeux tentèrent pour y porter remède, puissions-nous retirer ce double enseignement : d'une part un motif d'espérer dans la destinée de notre pays, mais d'autre part, une invitation pressante de pourvoir à son salut par l'étude et l'application des moyens les plus efficaces.

Il n'entre pas dans le plan de cette étude de faire l'analyse complète des théories qu'ont émises au sujet de la population tous les auteurs français du XVIIIᵉ siècle. Une pareille entreprise, en admettant qu'elle devint possible par la réunion de tous les matériaux nécessaires, serait un travail considérable et d'ailleurs à peu près inutile.

Aussi bien, n'ayant pas d'autre but que de résumer les aspects différents sous lesquels fut envisagée au

---

(1) La Population tendait, semble-t-il, à s'accroître à partir de 1715.
V. LEVASSEUR : La Population Française, t. I. chap. 12.

XVIII⁰ siècle la question de la population, nous nous bornerons à l'étude des principaux écrivains dont l'œuvre caractérise dans ses phases principales le mouvement des idées sur la population. Remontant aux dernières années du XVII⁰ siècle, c'est-à-dire aux origines de la science économique, nous ne suivrons pas le développement de celle-ci au delà de sa constitution définitive.

Nous croyons pouvoir fixer le terme de nos recherches à l'année 1776, date de la publication du célèbre ouvrage par lequel A. Smith a mérité le titre de fondateur de l'Economie politique.

A partir de cette époque, l'influence de la doctrine anglaise ne va pas cesser de s'accroître, et de son évolution même naîtra, à la fin du siècle, le système de Malthus.

Ce qui caractérise, au contraire, la période que nous considérons, c'est le développement remarquable de la pensée française dans le domaine économique et notamment l'élaboration, dans la deuxième moitié du siècle, de ce fameux système physiocratique, qui détermina soit dans l'opinion, soit dans les faits, des modifications considérables.

Aussi bien, l'objet de nos recherches portera-t-il, en majeure partie, sur cette époque particulièrement féconde, qui s'ouvre vers 1748, correspondant au réveil de la pensée philosophique et politique.

La première moitié du siècle ne retiendra notre attention que dans une mesure beaucoup plus restreinte. La littérature économique, d'ailleurs peu abondante à cette époque, offre néanmoins pour notre sujet cet in-

térêt capital de nous présenter les premiers travaux
de statistique en matière de population. En outre, par
la rigueur de ses critiques contre les abus du mercantilisme et par ses revendications en faveur de la liberté,
cette période annonce l'ordre économique nouveau dont
elle jette les bases.

Le champ de notre étude ainsi délimité, il convien-
dra, avant d'exposer les différentes théories de la population au XVIIIe siècle, de jeter un coup d'œil sur le
mouvement d'idées antérieur dont elles sont issues.

Après avoir indiqué quels principes dirigeaient la
société mercantiliste en matière de population, et les
mesures prises à ce sujet par Colbert, nous examinerons d'abord les éléments nouveaux qui s'introduisirent
dans la conception populationniste avec les œuvres de
Boisguilbert, de Vauban et de Mélon.

Passant à la période suivante, que nous avons signalée comme la plus importante, nous répartirons en
trois groupes les auteurs qu'il convient d'étudier.

Un premier groupe réunira les populationnistes con-
vaincus qui voient le bien suprême de l'Etat dans l'accroissement de la population.

Dans un second groupe, nous classerons ceux qui,
sans être hostiles au développement de la population,
refusent d'admettre l'importance primordiale du nombre. A cette opinion se rangent les Physiocrates, dont
la doctrine doit retenir plus longuement notre attention
à raison de son importance.

Dans un troisième groupe, nous mentionnerons les
auteurs qui ont traité la question de la population en

se plaçant surtout au point de vue de la statistique.

Parmi ces derniers, l'œuvre de Moheau couronne, pour ainsi dire, la période que nous étudions, en nous offrant le premier traité systématique du XVIIIᵉ siècle, basé sur des recherches objectives.

Jusque là, en effet, les théories sur la population ne se rencontrent guère qu'à l'état fragmentaire, au milieu d'ouvrages consacrés à d'autres questions économiques ou politiques, dont elles subissent forcément l'empreinte. Mais à partir du jour où les phénomènes démographiques sont l'objet d'une étude distincte, fondée sur les résultats de l'expérience, on peut dire que la question de la population est entrée d'une manière définitive dans le domaine de la science.

CHAPITRE PRELIMINAIRE

Le système mercantiliste et le problème de la population

« Je suis prêt à reconnaître, avec tous les anciens écrivains, que la puissance d'un Etat ne doit pas se mesurer par l'étendue d'un territoire, mais par l'étendue de la population. Ce n'est que dans la manière d'obtenir cette population que je diffère de ces écrivains » (1). La divergence de vues que Malthus signalait en ces termes entre sa propre doctrine et celles de ses devanciers, n'apparaît nulle part aussi profonde qu'à l'époque du mercantilisme.

A cet égard, Malthus pouvait dire avec le plus de vraisemblance qu'ayant trouvé l'arc trop courbé d'un côté, il l'avait peut-être trop courbé dans l'autre. Ce premier système économique se caractérise en effet par une politique tout à fait déterminée en matière de popu-

_____

(1) MALTHUS : Essai sur la population, 3ᵉ édition, p. 582.

lation, qui fut prédominante pendant deux siècles au moins, du XVIe au milieu du XVIIIe siècle.

Toute une série de mesures qui rappellent en partie la législation romaine du début de l'Empire, furent prises par les principaux Etats d'Europe, pour accélérer le mouvement de la population. Cette préoccupation fut très vive en France, principalement sous le règne de Louis XIV.

Colbert en fit notamment l'objet de sa sollicitude et l'œuvre qu'il tenta d'accomplir en cette matière est trop significative pour ne pas être mentionnée.

Les mesures que prit Colbert pour déterminer un mouvement ascendant de la population furent de deux sortes : empêcher sa diminution, favoriser au contraire son accroissement.

Il commença donc, tout d'abord, pour empêcher la décroissance de la population, par interdire l'émigration des Français hors de leurs pays (1). Cette interdiction fut sanctionnée de peines sévères pouvant aller jusqu'à la mort. Tout sujet devait demeurer en France soumis à la volonté royale (2). Mais comme cette émigration, indépendamment de l'intolérance religieuse du gouvernement, avait sa raison d'être dans la misère du

---

(1) P. CLÉMENT : Let. inst. et mém., t. VI p. 158. Arrêt qui défend aux protestants de sortir du royaume. — Edits portant défense sous peine de confiscation de corps et de biens, de prendre service ou d'habiter à l'étranger.

(2) P. CLÉMENT : Op. cit. t. II p. 552. Colbert parle « de l'obligation que les sujets contractent à leur naissance envers leur souverain ».

peuple, Colbert s'efforça d'atteindre les causes de cette dépopulation. Il essaya de réformer l'impôt des tailles dans les campagnes, et de créer des manufactures qui vinssent en aide aux paysans par le travail qu'elles leur procureraient. Dans le même ordre d'idées, il s'occupa de réglementer les pèlerinages, et de fonder des hôpitaux et autres établissements de charité, en vue de la répression du vagabondage et de la mendicité.

A côté de ces mesures, il en prit d'autres plus positives pour favoriser directement l'accroissement de la population (1).

Le premier moyen qu'il employa fut d'attirer en France des étrangers dont il hâtait la naturalisation. Cette inspiration fut d'autant plus heureuse qu'elle amena en France une élite d'ouvriers avec des industries nouvelles. Mais ce moyen n'avait qu'une portée limitée et Colbert jugea avec raison qu'il fallait avant tout intéresser la population elle-même à son propre accroissement.

Dans ce but, il chercha en premier lieu à augmenter le nombre et la durée des mariages. C'est ainsi que dans la revision des règlements de la taille qu'il opéra en 1666, non content de supprimer l'article qui soumettait à cet impôt tout individu marié, quelque fut son âge, il exempta de cet impôt, jusqu'à un certain âge, tout individu qui se mariait avant vingt ans (2).

---

(1) P. CLÉMENT : Op. cit. t. IV, p. 39. Colbert veut qu'il y ait dans le royaume « un nombre infini de sujets ».

(2) ISAMBERT : Recueil, t. XVIII, p. 60.

Le célibat religieux lui paraissant nuisible au progrès
de la population, Colbert se proposa de « diminuer in-
sensiblement les moines de l'un et l'autre sexe qui ne
produisent que des gens inutiles en ce monde et souvent des diables dans l'autre » (1). Ayant remarqué
que le chiffre trop élevé de la dot que l'on donnait aux
jeunes filles riches empêchait celles qui ne l'étaient point
de se marier, Colbert conçut le projet chimérique d'uni-
fier, par un règlement, le chiffre de la dot que l'on
pourrait donner à toutes, « en sorte que les pères y
puissent satisfaire, disait-il, quelque nombre qu'ils en
aient » (2).

Colbert, en second lieu, accorda de véritables primes
à la procréation des enfants. Il fit déclarer, en effet,
par le roi, dans un édit célèbre, que certains privilèges
et notamment l'exemption de l'impôt des tailles, seraient accordés aux pères de famille ayant de dix à
douze enfants. Cette exemption se transformait en une
pension de 1.000 à 2.000 livres pour les pères de famille

---

(1) P. CLÉMENT: Op. cit. t. VI, p. 3, mémoire au roi, 22 octo-
bre 1664. Colbert soumit au roi plusieurs projets de réforme
très importants. Il demanda notamment qu'on reculât l'or-
dination des prêtres à 25 ans, les vœux des religieuses à 20
ans et ceux des religieux à 25 ans. Insistant particulièrement sur les réformes à opérer dans les couvents de femmes,
Colbert voulait que les supérieures de ces maisons remis-
sent au roi, à des intervalles déterminés, l'état de leurs
biens afin que le gouvernement réglât le maximum des filles
que les couvents pourraient recevoir. Aucune de ces réformes ne put aboutir par suite de l'opposition du clergé.

(2) P. CLÉMENT : Op. cit., t. VI, p. 13.

appartenant à la noblesse qui se trouveraient dans le même cas. Les enfants qui étaient morts sur les champs de bataille étaient considérés par l'édit comme vivants (1).

Colbert attendait les plus grands effets de cet édit, qui en réalité furent insignifiants, car, dès 1683, on dut le révoquer à cause des difficultés pratiques qu'il souleva et des fraudes mêmes auxquelles son exécution donna lieu (2).

Quoiqu'il en soit, la politique poursuivie par Colbert en matière de population nous offre une application caractéristique du mercantilisme au moment de son apogée. L'importance accordée au nombre dans ce système, qui renferme d'ailleurs l'ensemble des notions régnantes à cette époque sur les différents aspects de la vie sociale, dérive naturellement des principes directeurs de cette société, tant au point de vue économique qu'au point de vue politique et social.

La prédominance de l'Etat sur tous les autres facteurs de la société est la caractéristique essentielle du mercantilisme. Née du besoin d'accroître la puissance de l'Etat, cette doctrine aboutit à reconnaître dans l'Etat lui-même l'âme de la vie sociale et le facteur le plus important dans la formation de la richesse nationale.

---

(1) P. CLÉMENT, op. cit., t. II, p. 69 ; Edit de novemb. 1666.
(2) Plus tard, de 1768 à 1787, les intendants furent autorisés à accorder dans certains cas des exemptions de ce genre. V. LEVASSEUR, La Pop. franç., t. I, p. 201.

Mais, à la différence de la société moderne, que nous considérons comme un tout indivisible, la société mercantiliste distinguait dans la nation deux éléments : le souverain et les sujets. Les intérêts de l'un n'étaient pas nécessairement les intérêts des autres. Aussi bien fut-il admis, d'une part, que les sujets avaient avant tout le devoir d'obéir au prince, représentant de l'Etat. D'autre part, le souverain vit dans la société qu'il avait à conduire une force destinée à servir au maintien et à l'accroissement de sa puissance personnelle. Quand cette idée, progressant avec l'autorité royale elle-même, eût complètement triomphé en France, après la Fronde, le roi devint l'origine de toute puissance dans l'Etat et ce pouvoir sans limite eut pour contrepartie la soumission absolue de tous les sujets.

La conséquence naturelle de cette identification du roi avec l'Etat fut de subordonner tout autre intérêt à la satisfaction des intérêts royaux. Toute la question était de savoir en quoi consistaient ces besoins, qui devaient guider la conduite du gouvernement.

Il était nécessaire que la transformation politique, qui avait amené l'avènement de la monarchie absolue, fût suivie d'une transformation sociale et économique, qui devînt le soutien et le complément de la première. La conservation de l'Etat moderne et l'accroissement de sa puissance exigeaient en effet la possession permanente des éléments qui avaient concouru à sa formation. Le pouvoir royal avait assuré son triomphe dans les luttes qu'il eut à soutenir, soit à l'intérieur contre la féodalité, soit à l'extérieur contre les Etats voisins, à l'aide de deux institutions nouvelles, toutes les deux placées entre ses mains : une administration centralisée, formée de fonctionnaires, nommés et rétribués par le roi, et l'armée mercenaire, qu'il paya et qui fut à son entière disposition.

De là résultait donc pour le gouvernement l'impérieuse nécessité d'avoir en abondance des hommes et de l'argent, pour asseoir sa souveraineté politique et pour mener à bien ses projets de conquête.

Il ne faut pas oublier, en effet, que l'idée d'un antagonisme irréductible entre les nations dominait la conception mercantiliste. Celle-ci ne voyait aucun moyen d'assurer la survivance et le progrès de l'État en dehors d'une âpre lutte, dans laquelle un pays gagne ce que l'autre perd. Cette situation ne pouvait recevoir de solution que par le triomphe de la nation la plus forte. A ce point de vue, l'exemple des puissances voisines démontrait que, pour être victorieuse, la lutte devait porter non seulement sur le terrain politique, mais encore sur le terrain économique ; elle devait mettre en jeu l'activité et l'énergie de toutes les forces de la nation (1).

---

(1) On se basait surtout sur l'exemple de la Hollande, qui, malgré le peu d'étendue de son territoire, était toute puissante grâce à son commerce. « Les Hollandais, dit Colbert, savent bien que, tant qu'ils seront maîtres du commerce, leurs forces de terre et de mer croîtront toujours et les rendront si puissants qu'ils pourront se rendre arbitres de la paix et de la guerre dans l'Europe, et donner des bornes telles qu'il leur plaira à la justice et à tous les desseins des rois ».
V. P. CLÉMENT, op. cit., t. VI, p. 264, t. VII, p. 251.

On considérait donc que la suprématie économique, obtenue par la conquête du commerce extérieur, pouvait seule fournir à l'Etat les éléments essentiels de sa prospérité : la possession dans le royaume d'une grande quantité d'argent et l'existence d'une population nombreuse.

On croyait, en effet, que l'unique manière de multiplier l'argent dans une nation où il n'y a pas de mines était de « l'attirer du dehors et de le conserver au dedans » (1), par la conquête des marchés étrangers. C'est dans ce but que Colbert usa des procédés les plus énergiques pour favoriser l'exportation des produits manufacturés, dans laquelle il voyait le meilleur moyen d'obtenir une balance du commerce favorable, c'est-à-dire des retours en argent (2). Or, plus il y avait d'argent dans le pays, plus on pouvait en prélever par l'impôt pour alimenter le trésor de l'Etat.

---

(1) P. CLÉMENT, op. cit., t. VII, p. 239.

(2) La proposition fondamentale sur laquelle repose le système mercantiliste, c'est que l'or et l'argent sont pour une nation les premières et les plus importantes de toutes les richesses : celles qui lui permettront d'acquérir par l'échange toutes les autres. Transportant dans le domaine de l'économie nationale les principes de l'économie domestique, cette conception reposait sur une erreur essentielle, qui était de confondre ce qui fait la richesse d'un Etat avec ce qui constitue la richesse même d'une nation. Pour cette collectivité, prise dans son ensemble, l'or et l'argent ne représentent qu'une richesse relative, parce qu'ils ne peuvent par eux-mêmes donner satisfaction qu'à une partie de ses besoins : ceux qui tiennent à la nécessité de se servir d'instruments d'échange. Pour l'Etat, comme pour les particuliers qu'il gouverne, l'or et l'argent sont la richesse par excellence, qui contient toutes les autres.

Mais le roi n'a pas seulement besoin d'argent : il lui faut aussi des hommes, pour seconder ses plans de domination. Or, là encore, le commerce extérieur est indispensable car, indépendamment du grand nombre de personnes que fait vivre la marine marchande, comme ce commerce s'alimente principalement des produits de l'industrie nationale, il fait subsister ainsi quantité de personnes qui travaillent dans les manufactures.

La prospérité du commerce extérieur exigeait nécessairement l'existence dans le royaume d'une production supérieure à la consommation nationale, mais pour tirer le meilleur parti de l'activité économique du pays, on pouvait opter entre l'agriculture et l'industrie. Sully avait préféré l'agriculture. Colbert, au contraire, se prononce en faveur de l'industrie. Parmi les raisons qui le guidèrent dans son choix, nous savons déjà qu'il reconnaissait à l'industrie l'avantage de pouvoir plus facilement et avec plus de bénéfices exporter ses produits à l'étranger.

Colbert avait un second motif de préférer l'industrie à l'agriculture, c'est que l'industrie seule paraissait offrir un débouché d'une étendue presque illimitée au capital et au travail national dont il voulait favoriser l'accroissement. Le principe de la productivité essentielle du travail se trouvait placé dans cette doctrine bien au-dessus de la fécondité du sol. L'homme semblait tout puissant pour augmenter l'excédent de la production industrielle sur la consommation, mais non l'excédent de la production agricole, qui dépendait surtout de la nature.

En résumé, l'intérêt supérieur de l'Etat, suivant cette conception mercantiliste, réside dans le développement de l'industrie nationale et, par suite, dans l'accroissement de la population laborieuse. Ainsi, la densité de la population est considérée non seulement comme une cause de force militaire, mais encore comme une cause de force économique. Pour aider l'industrie à détruire la concurrence étrangère par le bas-prix de ses produits, il fallait obtenir avant tout de la main-d'œuvre à bon marché. C'est pourquoi l'on usa de tous les moyens possibles pour augmenter la masse des travailleurs.

Le travail fut considéré comme une obligation stricte envers l'Etat, sanctionnée par des peines sévères : les mendiants et les vagabonds furent enfermés dans des hôpitaux ou bien encore envoyés aux galères. Pour amener le peuple à travailler, Colbert procéda tantôt par la douceur, promettant des primes et des privilèges à ceux qui viendraient dans les manufactures, tantôt par la violence, menaçant d'amendes et de prison ceux qui refuseraient (1). Partant de cette idée, reçue comme un axiome à cette époque, que les hommes travaillent en raison de leur gêne, on voyait plutôt un danger dans l'amélioration du sort des classes inférieures. Aussi le

---

(1) P. CLÉMENT, op. cit., t. II, p. 89. Colbert prescrivait même aux municipalités d'envoyer d'autorité aux manufactures tous ceux qui avaient besoin de travailler pour vivre et ne faisaient rien. Il recommandait aussi aux curés de représenter à leurs fidèles comme un devoir de conscience l'obligation de travailler aux manufactures.
V. P. CLÉMENT, ibid, t. II, p. 254.

gouvernement se préoccupait-il seulement d'assurer par la police des subsistances le bas-prix des denrées alimentaires afin que les ouvriers fussent nourris à meilleur marché et par suite moins exigeants pour leurs salaires.

Ce système reconnaissait toute l'importance de l'équilibre à réaliser entre la population et ses moyens de subsistance, mais l'Etat, maître de l'activité économique de la nation, croyait avoir entre ses mains la clef du problème.

En dirigeant les forces productives du pays vers le commerce et l'industrie, on pensait tirer de l'étranger des quantités de plus en plus considérables d'or et de subsistances, de sorte que l'accroissement du nombre des sujets, loin d'apparaître comme une cause de misère, était considéré comme le bien suprême de l'Etat.

Il faut ajouter que l'histoire des faits contribuait largement à mettre en faveur cette opinion, énoncée comme une loi. Le sentiment d'un accroissement trop rapide de la population pouvait-il se faire jour à cette époque où de nombreux obstacles entravaient le progrès de la population ? La mortalité était considérable et s'expliquait par des causes multiples : des maladies terribles, comme la peste et la variole, l'insalubrité générale, le défaut d'hygiène, enfin les guerres et les famines si fréquentes qu'on croyait communément au retour périodique de ces calamités publiques. Le besoin d'hommes, au contraire, se fit très vivement ressentir, lorsque les jeunes Etats, conscients de leur force, ne virent bientôt plus de bornes à leur esprit d'entreprise.

Les récentes découvertes géographiques leur ouvraient des débouchés illimités, des produits nouveaux et des capitaux en abondance.

L'industrie, le commerce, la marine et les colonies, ces branches nouvelles de l'activité économique, n'attendaient plus pour se développer que l'augmentation du capital humain nécessaire pour les mettre en valeur.

Il est aisé de voir combien ces circonstances rendaient difficile l'éclosion d'une théorie plus complète de la population. Aussi bien, nos premiers économistes du XVI° et du XVII° siècles ne nous offrent guère qu'un reflet de l'opinion commune en matière de population.

C'est ainsi que dans sa République (1576), Bodin déclare que le pays le plus populeux est toujours le plus riche et le plus fort. Il fait l'éloge des lois caducaires et rejette sur leur abolition la cause de la décadence de l'empire romain. Repoussant l'idée de la surpopulation, « il ne faut jamais craindre, dit-il, qu'il y ait trop de sujets, vu qu'il n'y a de richesses que d'hommes » (1).

Cependant, on rencontre chez Bodin des vues originales sur la solidarité économique qui existe entre les divers États ainsi qu'entre les diverses classes d'une même nation. Une particularité intéressante à relever chez Bodin, c'est l'intérêt qu'il attache à la description des faits et l'idée qu'il donne d'un recensement périodique de la population.

_____

(1) Bodin, La République, l. II, chap. V.

Montchrétien, dans son *Traité d'Economie politique* (1615), limite ses vues à l'horizon national.

Enumérant les ressources que renferme la France, il reconnaît qu'elle est capable, à raison de ses richesses naturelles, de supporter une immense population, mais il insiste sur la nécessité de développer l'industrie nationale et de créer des ateliers publics pour combattre le paupérisme. L'intérêt de l'Etat est pour lui la règle suprême. « La richesse de vos sujets est vôtre », dit-il en s'adressant au roi. Mais il se préoccupe aussi du bonheur du peuple, dont il fait la raison d'être du pouvoir royal. A certains égards même, dans sa notion plus compréhensive de la richesse et dans l'idée qu'il se fait de la société, conçue comme un grand corps naturel, Montchrétien se dégage des formules étroites du mercantilisme, laissant entrevoir la conception nouvelle de l'ordre économique, qui va s'élaborer au siècle suivant.

CHAPITRE PREMIER

La Réaction antimercantiliste

A mesure que les ambitions politiques et le goût des avantages exclusifs s'étaient emparés des souverains d'Europe, la nécessité d'accroître le nombre de leurs sujets avait acquis pour eux une importance prépondérante. Suivant l'opinion mercantiliste, c'était par l'intervention de l'Etat dans la vie économique du pays qu'on pensait résoudre le problème.

C'est ainsi que Colbert, en imposant à la production nationale une direction déterminée, avait cru trouver le moyen d'augmenter le nombre des habitants du royaume. Contrairement à ses vues, l'extension prodigieuse que prit sous son ministère l'industrie française fut suivie, peu de temps après sa mort, d'un déclin sensible de la population.

Le système étroitement réglementaire, dont Colbert avait entouré la production industrielle, pour lui permettre de détruire la concurrence étrangère, fut aggravé par ses successeurs, qui compromirent son œuvre.

Les mesures de protection, auxquelles il n'avait donné, semble-t-il, qu'une valeur éducatrice, devinrent des lois intangibles. L'exagération des tarifs douaniers, l'abus des privilèges et des monopoles commerciaux, la prohibition d'exporter les grains, la police des marchés, la minutieuse réglementation des corps de métiers et des procédés d'industrie, toutes ces causes réunies amenèrent bientôt le triomphe de la routine et le découragement de l'initiative personnelle. Entre les nations, ce régime prohibitif avait suscité des représailles, causé la rupture des relations commerciales et changé l'Europe en un vaste champ de bataille. En même temps les besoins croissants de l'Etat firent augmenter le chiffre des impôts, que l'on demandait surtout aux campagnes. Ces dernières, dont on avait déjà sacrifié les intérêts à ceux d'un industrialisme trop exclusif, virent s'abattre sur elles, pour comble de disgrâce, une série de mauvaises récoltes, par lesquelles fut achevée la ruine des classes agricoles.

A tout cela s'était joint la révocation de l'Edit de Nantes, qui fit dans la population et la richesse du royaume des vides considérables, surtout dans les provinces du sud et du sud-ouest (1). La persécution reli-

---

(1) V. LEVASSEUR, La Popul. Franç., t. I, p. 198. L'évêque de Montauban écrivait au contrôleur général : « Dans le Bas-Armagnac, il ne nous reste pas le tiers des âmes qui y étaient il y a trois ans. On a vécu en beaucoup d'endroits de vieux pépins de raisin et de racines de fougère qu'on faisait moudre.» Cité par Levasseur, ibid, p. 197.

gicuse avait chassé de France, dit-on, plus de trois
cent mille protestants, appauvri le commerce et jeté
la ruine dans beaucoup d'industries.

La famine vint ensuite cruellement sévir pendant la
guerre d'Allemagne, particulièrement en 1693 et en
1694. L'état de misère affreuse, qu'elle engendra, ré-
duisit à la mendicité un grand nombre d'habitants et
détermina une mortalité considérable (1).

Dans ces conditions, il était impossible que la population totale de la France n'eût pas subi quelque diminution. Mais pour évaluer l'importance de ces pertes, le
gouvernement ne disposait encore d'aucun instrument
certain de connaissance démographique. Jusqu'à cette
époque, en effet, on en était réduit à des hypothèses
pour apprécier le nombre des habitants du royaume.
A peine comprenait-on d'ailleurs l'intérêt de ce genre
d'informations. Des hommes éclairés se montraient ré-
fractaires à l'idée même d'un dénombrement général
de la population (2).

« Le siècle allait finir, dit M. Levasseur (3), lorsque

---

(1) L'attention publique avait été attirée sur les souffrances du peuple par les écrits de La Bruyère, de Racine et
de Fénelon, ainsi que par les révélations de l'enquête poursuivie par les conseillers d'Etat d'Aguesseau et d'Ormesson,
dans les provinces du Centre et de l'Ouest, en 1687.

(2) Depuis l'édit de Villers-Cotteret, 10 août 1539, les
curés étaient tenus sous le contrôle des officiers de judi-
cature, d'enregistrer les baptêmes, les mariages et les en-
terrements.

(3) V. Levasseur, La Popul. Franç., t. I, p. 201.

le roi, voulant être pleinement informé de l'état des provinces du dedans de son royaume, prescrivit aux intendants de dresser des mémoires sur la généralité qu'ils administraient. » Ce travail, entrepris sur la demande du duc de Beauvilliers, pour servir à l'éducation du dauphin, dont il était le gouverneur, constitue le premier document officiel sur l'état de la population française avant 1789 (1). Malheureusement, pour établir le dénombrement de leur circonscription, les Intendants ne suivirent pas avec précision les instructions qu'ils avaient reçues, de sorte que leur enquête, basée sur des éléments disparates, ne donnait en définitive que des résultats partiels de valeur très inégale.

Néanmoins, la rédaction de ces Mémoires, qui témoignait d'un souci nouveau de connaître les faits sociaux, marque dans l'histoire des idées sur la population une date des plus importantes. Ces documents servirent de point de départ à des recherches plus complètes, rendirent plus sensible l'utilité des dénombrements officiels et contribuèrent à la formation d'un courant d'idées favorable au relèvement de l'agriculture.

Il se dégageait, en effet, de l'enquête des Intendants une profonde impression de décadence agricole. Les Mémoires étaient remplis de témoignages effrayants de ce délabrement, de cette misère atroce qui dépeuplait les campagnes (2). Cette situation lamentable était, en

---

(1) Les mémoires des Intendants furent rédigés dans les années 1698, 1699 et 1700.

(2) V. TAINE, L'Ancien Régime, t. II, p. 210 et s.

grande partie du moins, la conséquence logique de la mauvaise politique suivie à l'égard de l'agriculture par tous les gouvernements qui succédèrent à Henri IV, et par Colbert en particulier. Celui-ci voulait « faire naître la richesse du travail des doigts » (1). Pour avoir le blé au plus bas prix possible, il avait empêché celui que produisait le pays de sortir de France, favorisant au contraire la libre importation du blé étranger. Il pensait qu'avant d'enrichir les cultivateurs, il fallait nourrir les ouvriers et les soldats à bon marché afin d'en augmenter le nombre. Aussi bien arriva-t-il que, privé de tout espoir de gain, le cultivateur délaissa les terres médiocres, et l'agriculture ne produisit plus guère que la quantité de blé strictement nécessaire à la consommation nationale, en supposant que la récolte fut bonne. Les funestes effets de la législation des grains s'aggravaient encore des conséquences produités par les vices de l'impôt foncier, injuste dans son assiette, arbitraire dans sa répartition. Agissant comme un impôt somptuaire sur les capitaux d'exploitation agricole, la taille entravait les progrès de la culture, et l'impôt, à raison des fraudes dont il était l'occasion, retombant de tout son poids sur les plus pauvres, les décourageaient de tout effort sérieux pour améliorer leur condition. Le capital et le travail désertant la terre, il était de plus en plus difficile de recouvrer l'impôt, de sorte qu'après avoir causé les souffrances du peuple, la déca-

---

(1) QUESNAY, Maximes génér^{les}, cité p. Weulersse, t. I, p. 8.

dence agricole plongeait dans la détresse les finances publiques.

C'était la politique mercantiliste, celle qui attendait le développement de la richesse de la toute-puissance de l'action gouvernementale, qui avait entraîné, par les abus de son régime réglementaire, la ruine de l'agriculture, épuisé les forces du pays, sans assurer du reste la prospérité du commerce et de l'industrie.

Il devait se produire dans l'opinion, émue de tant de maux, un nouveau courant d'idées dans le sens d'une liberté plus grande et d'un retour à l'agriculture trop négligée. Le besoin de réagir contre la confusion faite par le mercantilisme entre l'or et la richesse, entre l'Etat et la nation, allait conduire la critique nouvelle à dévoiler l'existence d'un ordre économique soumis à des lois naturelles.

Parmi les écrivains, qui secouèrent les premiers le joug des préjugés-mercantilistes, il faut citer d'abord et surtout *Boisguilbert*. Cet écrivain, sous le patronage duquel se plaçaient les Physiocrates, est aujourd'hui considéré comme un des plus grands précurseurs de la science économique. C'est en 1695 que Boisguilbert fit paraître son *Détail de la France*, dans lequel il dépeignit avec une rude franchise la misère du peuple. Cet ouvrage, qui rencontra peu de lecteurs, fut suivi de plusieurs publications de l'auteur, dont les principales sont le *Factum de la France* (1706), le *Traité des Grains* et la *Dissertation sur la nature des richesses* (1707).

Boisguilbert n'a pas abordé directement la question

de la population, mais son œuvre n'en mérite pas moins
d'être signalée dans cette étude, car les principes,
qu'elle établissait comme fondements de l'ordre économique, introduisaient des éléments nouveaux dans la
théorie de la population.

C'était d'abord la conception autoritaire, qui s'effon-
drait devant l'idée de loi naturelle gouvernant les phénomènes économiques. « La nature, dit Boisguilbert,
loin d'obéir à l'autorité des hommes, s'y montre toujours rebelle et ne manque jamais de punir l'outrage
qu'on lui fait » (1). C'est à la nature seule qu'il appartient de faire la police dans l'ordre économique. « Il
n'est pas question d'agir, il est nécessaire seulement
de cesser d'agir avec la violence qu'on fait à la nature,
qui tend toujours à la liberté et à la perfection » (2).

La nature mise en liberté fera régner l'abondance,
multipliant les véritables richesses, qui consistent dans
la possession, non plus de l'or, mais des choses propres à satisfaire les besoins de la vie. A la différence
des mercantilistes, qui s'attachaient à l'extension de
l'industrie, à cause de l'infériorité qu'ils attribuaient
à la puissance productive de la terre. Boisguilbert estimait que l'art agricole pouvait augmenter cette puissance dans des proportions incalculables. L'excédent
de production que pourrait fournir le sol parfaitement
cultivé, empêcherait de craindre les effets « d'aucune

---

(1) BOISGUILBERT, Traité des grains (édit. Daire, p. 387).
(2) Ibid, Dissert. sur la nat. des rich. (éd. Daire, p. 419).

stérilité, dit-il, supposé que les hommes eussent dou-
blé, ce qui est très possible » (1).

Le principe de l'accroissement de la population se
trouve donc, d'après Boisguilbert, dans l'augmentation
du fonds des subsistances, qui dépend à son tour de
la liberté rendue à la culture et au commerce ainsi que
du relèvement des conditions morales et sociales des
cultivateurs (2). L'intérêt de toutes les classes de la
nation et l'intérêt du roi lui-même sont engagés dans
cette réforme, car il existe une harmonie d'intérêts
entre les diverses branches de l'activité économique (3),
et c'est l'agriculture qui joue dans ce concert le rôle
primordial. Boisguilbert substituait ainsi à l'idée d'antagonisme, qui dominait la conception mercantiliste,
le principe de la solidarité économique, qu'il étendait
aux relations internationales, et aux rapports de la
société avec l'individu. L'opulence générale naît du

---

(1) BOISGUILBERT, Traité des grains (éd. Daire, p. 389).

(2) Ibid., (éd. Daire, p. 352).

(3) BOISGUILBERT, Factum de la France (éd. Daire, p. 285).
« Cette harmonie est nécessaire entre plus de deux cents
professions qui composent aujourd'hui le maintien de la
France. Le bien et le mal qui arrivent à toutes en particulier est solidaire à toutes les autres, comme la moindre
indisposition survenue à l'un des membres du corps humain attaque bientôt tous les autres et fait, par suite, périr
le sujet, si on n'y met ordre incontinent. » « Les pauvres,
dit-il ailleurs, sont dans le corps de l'Etat les yeux et le
crâne et par conséquent les parties délicates et faibles ;
les coups que l'on y porte sont mortels, ce qui, par contre-
coup, désole ceux qui leur avaient refusé leur secours ».
Boisguilbert, Le Factum de la France (éd. Daire, p. 336).

libre jeu des intérêts individuels. « C'est là, dit Boisguilbert, l'unique principe de la richesse, quoique très
inconnu aux personnes qui n'ont que de la spéculation » (1). L'intérêt propre du prince doit, par conséquent, l'inciter à tenir compte des intérêts de ses sujets. « Par une justice qu'on doit jusqu'aux bêtes »,
il faut laisser aux hommes, avant d'exiger d'eux l'impôt, de quoi suffire aux nécessités de la vie. Bien plus,
l'accroissement de l'aisance et de la consommation populaire est une condition essentielle de la prospérité
de l'Etat (2). Aussi Boisguilbert dénonce-t-il comme
la principale cause de la misère publique tout ce qui
tend à réduire au minimum d'existence la consommation individuelle. « Des hommes à qui il faut une peine
continuelle pour subsister, dit-il, sans autre aliment
que du pain et de l'eau, peuvent-ils espérer une longue
vie ou plutôt ne périssent-ils pas tous à la moitié de
leur course, sans compter ceux que la misère de leurs
parents empêche de sortir de l'enfance » (3). Parmi
les institutions sociales, auxquelles ont peut attribuer
cette conséquence désastreuse, Boisguilbert signalait
avec insistance le mauvais système d'impositions. De
toutes les mesures propres à porter remède aux souf-

---

(1) BOISGUILBERT, Dissert. sur la nat. des rich. (éd. Daire,
p. 410).

(2) Ibid., Le Factum de la France. V. « La consommation et le revenu sont une seule et même chose ».

(3) Ibid., Dissert. sur la nature des rich. (édit. Daire,
p. 414).

frances du royaume, aucune n'était plus pressante à
ses yeux que la réorganisation des finances publiques,
basée sur la suppression des privilèges et l'égalité de
tous devant l'impôt. Par là se trouvait mise en lumière
l'importance de la distribution des richesses. L'accroissement de la population ne dépendait plus seulement
d'une production suffisante, mais encore d'une répartition équitable des biens. Le moyen de remplir ces
deux conditions, Boisguilbert ne l'attendait pas de la
police réglementaire de l'Etat. L'action libre des individus lui semblait seule capable de réaliser par une
tendance naturelle l'équilibre entre la production et
la consommation, et, par suite, entre la population et
ses moyens de subsistance.

Le *maréchal de Vauban* occupe dans l'histoire de la
statistique française une place éminente. Celui que le
duc de Saint-Simon appelait « le plus honnête homme
du royaume », fut l'un des penseurs sociaux les plus
remarquables de son temps. Sa vie se passa, dit un de
ses biographes, à défendre son pays et à recueillir
toutes les idées qui lui semblèrent utiles à la gloire
et au bonheur de l'Etat (1). La plupart des grandes
questions économiques paraissent avoir été pour Vauban les sujets de nombreux Mémoires, qui devaient
renfermer pour l'histoire économique de précieux documents. Ces Mémoires, dont quelques-uns seulement nous
sont parvenus, furent rédigés à l'aide de matériaux

---

(1) DAIRE, Collection des Economistes, t. I.

que l'auteur avait réunis dans ses voyages à travers
les provinces du royaume (1).

Il est certain que Vauban manifesta au plus haut
degré le souci constant de l'observation des faits, devi-
nent que ces détails « méprisables et abjects », ce
sont les expressions de Fontenelle, appartiennent cependant au grand art de gouverner. Aussi bien le témoignage de Vauban est-il des plus considérables en ce
qui concerne l'état de la population française au début
du XVIII⁰ siècle.

Supérieur à ses devanciers par la fermeté de ses projets sur l'organisation des dénombrements, ce fut lui
qui rédigea, de concert avec Fénelon et le duc de Beauvilliers, le questionnaire qu'on adressa aux Intendants
à propos de l'enquête de 1697, et qui attira particulièrement leur attention sur la question de la population.

Plus tard, il se servit des Mémoires des Intendants
pour dresser, dans la *Dîme royale*, écrite en 1704 et
publiée en 1707, le premier tableau de la population
de la France par généralités. Le total auquel il arriva
pour le royaume était de 19.064.146 habitants. Ce chiffre, établi sur des bases imparfaites, ne pouvait être
exact, mais il avait néanmoins un caractère à peu près

---

(1) Fontenelle nous le peint interrogeant, sur l'industrie, l'agriculture et le commerce, les hommes de tous
les rangs, de toutes les professions, de toutes les classes,
et prétend qu'il occupait sans cesse un grand nombre de
secrétaires, de calculateurs et de copistes. V. FONTENELLE,
Eloges académiques.

authentique, à côté des évaluations de fantaisie qui régnaient à cette époque (1).

La Dîme royale renferme aussi dans un chapitre spécialement consacré à la statistique des vues intéressantes sur l'utilité et la technique des dénombrements.

Vauban insiste sur la nécessité d'un recensement annuel de la population, dressé méthodiquement, suivant un formulaire dont l'auteur précise le détail.

Pour faciliter cette opération, le maréchal imaginait de diviser tout le peuple par décuries, comme en Chine, ou par compagnies, et de créer des capitaines de paroisse chargés de visiter les familles placées sous leur contrôle et de s'informer des principaux événements arrivés au cours de l'année, comme les morts et les naissances.

De tous ceux à qui le dénombrement du peuple peut être utile, disait Vauban, il n'y en a point à qui il le soit davantage qu'au roi même, « étant certain que son premier et principal intérêt est celui de la conservation de ses peuples et leur accroissement, parce que le plus grand malheur qui puisse arriver à son Etat est leur dépérissement. »

Or, le tableau que présentait la Dîme royale, c'était précisément celui de l'effrayante misère qui désolait la France à la fin du règne de Louis XIV (2).

---

(1) Vossius écrivait en 1685 que la France ne contenait que 5 millions d'âmes.

(2) « Par toutes les recherches que j'ai pu faire, dit Vauban, depuis plusieurs années que je m'y applique,

Le pays, qui n'était point peuplé, selon Vauban, en raison de son étendue et de sa fertilité, et qui pouvait nourrir aisément jusqu'à 25 millions, et davantage, voyait sa population décroître au lieu d'augmenter. Constatant ce malheur public, qu'il dénonçait hardiment, le maréchal n'épargnait aucune recherche pour en découvrir les causes ainsi que les remèdes les plus efficaces.

Vauban partait de ce principe que la vraie richesse du royaume consiste dans l'abondance des denrées, dont l'usage est si nécessaire à la vie des hommes qu'ils ne sauraient s'en passer. Si la France n'est pas, à ce point de vue, le pays le plus riche du monde, il faut l'attribuer, d'après l'auteur, à des causes étrangères à la fécondité du sol. Mais la terre est mal cultivée, parce que le paysan vit misérablement, « va presque nu et ne fait que très peu de consommation ». Or, cette partie basse du peuple qui, par son travail enrichit

---

j'ai fort bien remarqué que dans ces derniers temps, près de la dixième partie du peuple est réduite à la mendicité et mendie effectivement ; que, des neuf autres parties, il y en a cinq qui ne sont pas en état de faire l'aumône à celle-là, parce qu'eux-mêmes sont réduits à très peu de choses près, à cette malheureuse condition ; que des quatre autres parties qui restent, trois sont fort malaisées, et embarrassées de dettes et de procès ; et que dans la dixième où je mets tous les gens d'épée, de robe, ecclésiastiques et laïques, les bons marchands, les bourgeois rentés, on ne peut pas compter sur cent famille ; et je ne croirais pas mentir quand je dirais qu'il n'y en a pas dix mille, petites ou grandes, qu'on puisse dire être fort à leur aise ».

VAUBAN, Dîme royale, préface.

tout le royaume, ne peut subir de lésion sans que tout
le monde en souffre et le roi lui-même, qui est « le
chef de l'Etat comme la tête l'est du corps humain ».

La cause principale de la misère réside dans la
triste condition des cultivateurs. Ce qui les accable,
c'est surtout l'inégalité des charges publiques, les privilèges en matière d'impôt, les entraves à la liberté
du commerce et l'accroissement immodéré des classes
improductives.

Vauban concentre ses coups sur l'iniquité la plus générale, celle qu'il importe autant au roi qu'au peuple
de voir disparaître : le mauvais système d'imposition.

De cette pensée dominante naquit le Projet de Dîme
royale. Ce plan de réorganisation fiscale reposait sur
ce principe que « les rois ont un intérêt très essentiel
à ne pas surcharger leur peuple jusqu'à les priver du
nécessaire » et qu'il faut distinguer leurs revenus de
ceux de leurs sujets (1).

En d'autres termes, il faut voir dans la culture, le
commerce et l'industrie, la source des revenus particuliers des hommes, et considérer comme le véritable
fonds du revenu des rois les hommes mêmes, « qui
payent et qui s'exposent à toutes sortes de dangers
pour la conservation des biens et de la vie de leur
prince ». Grâce au nouveau système préconisé par Vauban, le peuple, ne craignant plus les impôts arbitraires,
et travaillant à qui mieux mieux ramènera l'abondance
dans le royaume.

---

(1) Vauban, éd. Daire, p. 147.

D'où s'ensuivra nécessairement, ajoute le maréchal, que le pays se repeuplera bientôt, « attendu qu'il s'y fera beaucoup de mariages, que les enfants y seront mieux nourris et les paysans mieux vêtus » (1). Vauban n'approfondit pas davantage le problème de la population. Il est constant, pour lui, « que la grandeur des rois se mesure par le nombre de leurs sujets ». La population est en elle-même le plus grand bien pour un Etat. Son accroissement est limité, il est vrai, par les moyens de subsistance, mais il ne saurait dépasser cette limite. Cependant, à côté du généreux sentiment d'humanité qui pénètre la pensée de Vauban, il faut noter comme un présage heureux l'idée déjà fortement exprimée dans son œuvre qu'il suffira d'écarter les obstacles qui nuisent à la population, pour que la nature se charge du reste.

Les publications courageuses de Boisguilbert et de Vauban n'eurent immédiatement d'autre résultat que d'attirer sur ces citoyens clairvoyants et dévoués au bien public la disgrâce et la persécution (2). En fait,

----

(1) VAUBAN, éd. Daire, p. 106.

(2) Deux mois après son apparition, la Dîme royale se trouvait déjà frappée de deux arrêts de proscription. En même temps, le *Factum de la France* recevait le même honneur, et l'auteur, suspendu temporairement de ses fonctions, recevait une lettre de cachet l'exilant pour quelque temps au fond de l'Auvergne. Quinze jours ne s'étaient point écoulé depuis la condamnation de son livre que Vauban, déjà malade(mourut le 30 mars 1707, « consumé de douleur, dit Saint-Simon, et d'une affliction que rien ne put adoucir ». V. Saint-Simon, Mémoires, t. V, p. 285.

le gouvernement prit des mesures exactement contraires au régime de liberté et de justice que réclamait la critique nouvelle des écrivains réformateurs. L'exportation des grains, qu'on avait rendu libre depuis 1702 jusqu'en 1708 fut prohibée sous peine de mort par un arrêt de 1710, et la réglementation du commerce intérieur, plus tyrannique que jamais, interdit toute circulation du blé sans autorisation spéciale et força les cultivateurs eux-mêmes à porter leurs grains au marché et à les y vendre à n'importe quel taux.

Au milieu de la réaction violente qui distingue du règne précédent l'époque de la Régence, l'agitation confuse qu'engendra le système de Law avait favorisé momentanément le relèvement effectif de l'agriculture (1).

Mais la dépréciation des terres fut bientôt aggravée par la faillite de la monnaie de papier et par le désordre qu'elle entraîna dans la plupart des fortunes privées.

Cependant, les esprits désillusionnés des spéculations mobilières étaient naturellement portés à reconnaître, dans les biens-fonds, la source d'une richesse plus solide et plus sûre. Aussi bien devaient-ils commencer d'accueillir avec faveur les projets de réforme écono-

---

(1) La hausse des terres fut provoquée par les achats des spéculateurs heureux. « Les actionnaires enrichis dans une nuit, écrit Mirabeau, arrhaient à tout prix tous les biens du royaume, qu'ils fussent à vendre ou non. » Cité par Weulersse, t. 1, p. 9.

mique dans lesquelles l'agriculture occupait le premier rang parmi les facteurs de la richesse nationale.

Ce fut l'apparition de l'*Essai politique sur le Commerce*, de Jean-François Mélon, en 1734, qui fixa l'attention du public sur les problèmes économiques. Le grand succès obtenu par ce livre (1) permet de le considérer comme représentant l'état général de l'opinion d'alors, opinion encore indécise, qui réclame des réformes libérales au nom des principes mercantilistes et qui hésite entre la liberté dans l'ordre économique et les vieux préjugés sur la balance du commerce.

Vauban et Boisguilbert n'avaient presque touché qu'aux réformes fiscales. L'ouvrage de Mélon résumait avec beaucoup de lucidité la plupart des grandes questions de l'économie politique. Bien plus, il faisait entrevoir la liaison qu'elles ont entre elles, et par suite la nécessité de soustraire à l'empirisme la direction des intérêts matériels de la société. Considérant le commerce comme un objet de science et comme le principe de la conservation de l'Etat, l'auteur invitait le gouvernement à rompre avec les préventions populaires et à s'avancer hardiment dans la voie du progrès, en profitant des lumières acquises par l'expérience.

La politique trop guerrière de Richelieu et de

---

(1) « Le livre fut chaudement accueilli par le public, dit Maupertuis ; il eut plusieurs éditions ; on éprouva le sentiment qu'une science nouvelle, encore innommée, presque populaire chez les Anglais, mais peu cultivée chez nous, passait la mer et s'installait en France ».

V. Espinas, Rev. intern. de Sociologie, 1902, p. 165.

Louis XIV ayant fait ressortir les résultats funestes d'un gouvernement militaire préoccupé de négociations étrangères, Melon se plaisait à montrer, à côté des dangers de l'esprit de conquête, les bienfaits de l'esprit de commerce et la supériorité d'une nation qui cherche à s'agrandir par la sagesse de son gouvernement intérieur.

Toutes les combinaisons possibles pour fortifier l'Etat par le développement de ses intérêts économiques sont réductibles, d'après l'auteur, aux trois principes suivants :

1° Considérer le blé comme la base du commerce, parce qu'il est le soutien nécessaire de la vie et « qu'une armée où le pain manque ne connaît plus de discipline ».

2° Multiplier les denrées et les produits de l'industrie par l'augmentation du nombre des habitants et la police éclairée du travail.

3° Posséder une certaine quantité de monnaie, afin de permettre à chacun d'utiliser ce qu'il a pour acquérir ce qui lui manque.

On voit la place importante que tient dans ce système l'accroissement de la population.

Il s'agit bien, comme pour les premiers mercantilistes, d'augmenter par ce moyen les forces productives de l'Etat, mais une condition nouvelle s'impose au législateur.

« L'objet qu'il ne doit pas perdre de vue, dit Melon, c'est de rendre les hommes aussi heureux que leur misérable condition peut le permettre. L'expression arithmétique de sa gloire est le nombre de personnes dont il fait le bonheur, multiplié par le nombre des obstacles qu'il a surmontés. » (1)

Si l'on veut accroître la population, il faut songer d'abord à maintenir le peuple dans l'abondance.

De même que l'architecte qui bâtit un édifice doit commencer par en assurer les fondements et les murs, de même le législateur, après avoir assuré la nourriture du peuple, ouvrira la porte à toutes sortes d'industries, « le superflu venant après le nécessaire qu'il suppose ».

Ainsi Melon reconnaît qu'il existe un lien étroit entre la productivité du sol et le nombre des hommes qu'il peut nourrir, mais il croit qu'on peut obtenir de la terre des ressources illimitées par une culture assidue et laborieuse. Dans l'intérêt de la production agricole, il réclame la liberté du commerce extérieur des grains et déclare que pour encourager le laboureur, il suffira de lui donner « l'espérance d'une récolte paisible et d'une heureuse vente ». Melon se montre également libéral à l'égard du luxe, qu'il s'efforce de réhabiliter en combattant les édits somptuaires (2). C'est là, pour lui, un excellent moyen d'utiliser les passions humaines et de

_____

(1) « C'est multiplier les hommes, déclare l'auteur, que de travailler à leur conservation, mais ce doit être toujours avec le grand motif de les rendre heureux, pour ne pas s'attirer le reproche de l'Ecriture : « Vous avez « augmenté le nombre des hommes, mais vous n'avez point « augmenté leur bonheur ».

MELON, Essai, éd. Daire, p. 818.

(2) MELON, Essai, éd. Daire, chap. IX.

susciter à la fois de nouveaux mobiles de travail et des emplois pour un plus grand nombre d'hommes.

« Le progrès de l'industrie n'a pas de bornes, dit-il, il est à présumer qu'il augmentera toujours et que toujours il se présentera des besoins nouveaux sur lesquels une industrie nouvelle pourra s'exercer. » (1). Melon proclame, avant les Physiocrates et Adam Smith, que l'emploi des machines et la division du travail ne sont pas des obstacles au progrès de la population.

Il n'en est pas moins vrai que, malgré sa foi invincible dans le progrès des arts et de l'agriculture, pour procurer à tous des subsistances et du travail, Melon fait appel aux stimulants artificiels pour favoriser directement « l'augmentation des habitants » (2).

Il réclame notamment des mesures pour entraver le célibat, favoriser les mariages et punir la mendicité.

Partant de ce principe que le célibat des prêtres n'est pas d'institution divine, il juge qu'on pourrait en obtenir l'abolition en s'adressant à l'autorité qui l'a établi. De même l'état monastique devrait être interdit avant l'âge de 25 ans. Ce moyen d'augmenter la population est déjà très contestable, mais l'auteur va plus loin

---

(1) « Il est également vrai, dit-il, que de savoir faire avec un matelot, un laboureur, un voiturier, un ouvrier, ce qu'auparavant on ne faisait qu'avec deux, c'est savoir doubler le nombre des citoyens, et en ce sens, multiplier les travailleurs et adoucir le travail est le chef-d'œuvre de la sagesse humaine. »

MELON, Essai, éd. Daire, p. 739.

(2) MELON, Essai, éd. Daire, chapitre III.

et il propose au gouvernement l'étrange problème de
savoir si la substitution de l'esclavage à la domesticité
ne serait pas une mesure à prendre dans l'intérêt de
l'Etat (1).

Melon demande aussi des encouragements au mariage
sous forme de secours aux pères chargés de nombreuse
famille (2).

L'auteur voudrait qu'on fit de l'oisiveté un « crime
d'Etat » parce qu'elle est le germe des crimes et des
séditions.

Il estime qu'une police éclairée devrait veiller à la
répartition des tâches, suivant l'âge et le sexe, occupant
les filles aux travaux sédentaires et faciles et renvoyant
les garçons aux travaux plus rudes et plus nécessaires.

Quant aux mendiants de profession, il suffirait, pour
les empêcher de se multiplier, d'en faire des travailleurs
et de les employer à des travaux pénibles (3).

Si l'Etat supprimait en outre les charges inutiles et
réduisait le nombre de ses fonctionnaires, il pourrait,
d'après Melon, tourner à son profit le maximum de
forces disponibles de la nation.

---

(1) « Le législateur qui ne détruit pas l'esclavage, écrit
Melon, doit le rendre plus utile par son étendue. » — MELON,
Essai, éd. Daire, p. 819.

(2) « Veiller à l'éducation des orphelins et des enfants
trouvés, dit-il, c'est fortifier l'Etat bien plus que de faire
des conquêtes. » Ibid. p. 718.

(3) Il rappelle à ce propos cette maxime : « Demander
à vivre sans travailler est un crime, parce que c'est un
vol continuel fait à la nation ». Ibid., p. 718.

Cependant, tout en proclamant désirable pour l'Etat
une population très dense, Melon conçoit l'idée d'une
surabondance possible de population.

Mais dans son esprit, ce phénomène s'explique par
l'incapacité du pays de procurer les subsistances les
plus nécessaires à la vie ou par l'absence d'industrie
pour y suppléer. C'est ainsi qu'il interprète les migra-
tions anciennes des peuples du Nord, et la nécessité
qui pousse les Suisses à s'expatrier « sans pouvoir
espérer d'augmenter leur terrain, ou même d'envoyer
des colonies dans aucune partie du monde ». (1)

Au sujet de la Chine, Melon discute les assertions
du père Duhalde, dont Malthus devait plus tard s'inspirer largement pour étayer sa propre doctrine.

Il refuse d'admettre que le grand nombre des habitants puisse être par lui-même une cause de misère et
de crime. Ou bien, si le sol est fertile, la misère du
peuple vient d'une production insuffisante due au défaut de culture, à la fainéantise, ou d'une mauvaise
distribution des aliments dont la police du pays est
responsable. Ou bien, si l'on suppose que les terres
bien cultivées ne peuvent pas encore nourrir tous les
habitants, « il est singulier, dit Melon, que depuis 4.000
ans, il ne se soit pas trouvé un génie assez profond pour
imaginer des colonies ».

En réalité, la misère du peuple chinois s'explique,
d'après l'auteur, par l'état arriéré de sa civilisation,

(1) MELON, Essai, éd. Daire, p. 719.

ses coutumes barbares et son ignorance en matière de marine et de commerce étranger.

Melon n'en reconnaît pas moins la nécessité d'une politique coloniale propre à décharger un Etat de la surabondance de ses habitants. Mais il n'y a qu'une manière sage de peupler les colonies : c'est d'augmenter le nombre des comptoirs commerciaux et d'y envoyer les hommes nécessaires pour les défendre sans vouloir assujettir la population indigène.

Ce procédé a fait la fortune de la Hollande, tandis que l'Espagne, au contraire, a perdu ses forces et provoqué sa ruine en se dépeuplant tout d'un coup pour établir sa domination sur les terres américaines.

Il est bon, certes, qu'un gouvernement s'assure des possessions à l'étranger pour se soulager du poids des hommes qui lui sont superflus, mais combien préférable serait la colonisation intérieure du pays.

« Défricher de nouvelles terres, dit Mélon, c'est conquérir de nouveaux pays sans faire de malheureux. » (1)

L'auteur de l'*Essai politique sur le Commerce* expose, à la fin de son livre, des vues très intéressantes sur la méthode à suivre dans l'étude et l'application pratique des réformes politiques et économiques.

Pour ne point tomber dans l'erreur, il faut se méfier

---

(1) « Celui qui peuplerait les Landes, ajoute Melon, rendrait un plus grand service à l'Etat que celui qui, par une guerre meurtrière, s'emparerait de la même quantité de terrain ». — MELON, Essai, éd. Daire, p. 724.

des systèmes et des spéculations vagues et s'appliquer à la recherche de connaissances positives et précises. Partisan convaincu de « l'arithmétique politique », dont l'Anglais W. Petty fut le créateur, « tout est réductible au calcul, écrit-il: il s'étend jusqu'aux choses purement morales. » (1).

En pratique, ce calcul doit s'appliquer notamment à la quantité de récoltes et au nombre des habitants, mais « au calcul des hommes, dit-il, il faut ajouter le calcul de ce qu'ils valent par leur travail ».

Il serait important d'avoir des dénombrements généraux et détaillés, indiquant le genre de mort de chacun. Connaissant les causes de dépérissement, on pourrait y porter remède. Jusqu'à présent, les tentatives faites soit à l'étranger, soit en France, n'ont donné que des informations peu concordantes d'où l'on ne peut tirer aucune conclusion précise sur le taux d'accroissement de la population, sur la durée de la vie moyenne et sur le rapport qu'on peut établir annuellement entre le chiffre des morts et celui des naissances (2). Cette sorte d'étude « vague en elle-même » ne saurait être trop ramenée à l'ordre méthodique, « le seul qui puisse satisfaire et déterminer un esprit juste ».

Une recherche patiente et sûre doit éclairer l'esprit du législateur, et dans l'application des réformes, il ne doit pas non plus se presser d'arriver. Prenant un juste

---

(1) MELON, Essai, éd. Daire, chap. XXIV.
(2) MELON, Ibid.

milieu entre une sagesse timide et des projets préci-
pités, il abolira les abus « de proche en proche, sans
heurter de front des préjugés trop enracinés ».

On voit, en résumé, d'après cette analyse de l'œuvre
de Melon, combien de lueurs vives et d'enseignements
utiles étaient répandus dans le public par l'*Essai politique sur le Commerce*.

Quoique, à certains égards, sa doctrine fût certainement fausse et malheureusement déparée par d'étranges paradoxes, les vues exposées par Melon manifestent un état d'esprit nouveau. L'auteur s'attaque
avec fermeté aux abus qu'il découvre, mais dans un
langage exempt de violence et qui ne prête que plus
de force à l'autorité de la raison. Ses rapides aperçus
contiennent des idées fécondes sur les conditions essentielles du progrès économique. Enfin, relativement au
problème de la population, la thèse qu'il soutient commence à revêtir un caractère critique.

Il reconnaît la nécessité de la recherche expérimentale conduite avec prudence. Il comprend que la population est nécessairement limitée par le niveau des subsistances, et s'il possède une confiance excessive dans
les forces de la nature et dans la puissance de l'Etat,
il se fait néanmoins une idée juste de la personne
humaine, considérée comme un facteur de la production. L'homme n'est pas seulement pour lui un instrument de travail, c'est un être de raison et de sentiment,
dont il faut satisfaire les besoins essentiels, si l'on veut
à la fois accroître la valeur des individus et multiplier
leur nombre.

CHAPITRE II

LES POPULATIONNISTES

I. — Montesquieu.
II. — Les Agrariens.

I. — MONTESQUIEU

Parmi les écrivains français du XVIII° siècle, partisans d'une population nombreuse et qui préconisaient en outre ce qu'on est convenu d'appeler les stimulants artificiels de la population, il n'en est pas de plus célèbre que Montesquieu.

Son grand livre de l'*Esprit des Lois* détermina, suivant le mot de Grimm, une révolution entière dans l'esprit de la nation.

Les Economistes eux-mêmes ont reconnu combien le succès de cet ouvrage avait préparé celui de leur propre système. « L'époque de l'ébranlement général qui a déterminé les esprits à s'appliquer à l'étude de l'économie politique, déclare Dupont de Nemours, remonte jusqu'à Montesquieu. Ce furent les éclairs de son génie qui montrèrent à notre nation, encore si frivole, que l'étude de l'intérêt des hommes en société pouvait être préférable aux recherches d'une métaphysique abstraite et même plus constamment agréable que la lecture des petits romans. » (1)

Ce qui le différenciait, en effet, des esprits de son temps, c'était notamment la large part, faite dans son œuvre, à l'observation des faits sociaux. Ses théories ne semblaient reposer que sur des connaissances positives, sur de simples faits, tombant sous le coup de l'expérience. Et quand il s'appliquait à montrer l'action inévitable des forces naturelles sur la vie des peuples; quand il expliquait par des « rapports nécessaires qui résultent de la nature des choses » les formes variées de civilisation, les mœurs, la législation, l'état social et politique des sociétés humaines, l'apparente simplicité de ses descriptions pouvait procurer l'illusion de la vérité scientifique.

Ce n'est donc pas sans surprise que l'on découvre, dans Montesquieu, à côté du philosophe expérimental, un philosophe rationaliste, qui paraît moins préoccupé du besoin de connaître la réalité que du désir de la réformer suivant ses idées préconçues.

Cette disposition d'esprit, si fâcheuse au point de

_____

(1) Cité par Weulersse, Le Mouvement physioc., t. I, Liv. I, ch. I.

vue scientifique, se manifeste particulièrement, lorsqu'on examine l'ensemble de ses idées sur une question spéciale, telle que la question de la population.

Montesquieu a recueilli sur ce sujet un grand nombre d'observations; et Malthus lui-même, dans son *Essai sur la Population*, l'a rangé parmi ceux qu'il reconnaît comme l'ayant précédé dans la voie de ses recherches.

C'est surtout dans les *Lettres Persanes* que Montesquieu développe ses vues sur la population. Mais on en trouve aussi dans divers chapitres de l'*Esprit des Lois*, et principalement dans le livre XXIIIe, intitulé « Des lois, dans le rapport qu'elles ont avec le nombre des habitants ».

Pour comprendre le sens de la solution donnée par Montesquieu au problème de la population, voyons d'abord comment la question se présentait à lui et quelles préoccupations dominantes dirigeaient ses recherches.

Montesquieu part de cette opinion courante, qui hante comme une idée fixe l'esprit de ses contemporains, et suivant laquelle la population du monde va en décroissant d'une manière constante depuis l'antiquité.

Cette hypothèse, Montesquieu l'admet avec une étonnante facilité, sur la foi des appréciations vagues qu'il a trouvées dans Strabon, Tite-Live, Polybe et César, et il se demande avec surprise pourquoi le monde est si peu peuplé en comparaison de ce qu'il était autrefois ? Aucune exagération ne l'arrête.

« Il y a des gens qui prétendent que la seule ville

de Rome contenait autrefois trois fois plus de peuple
qu'un grand royaume de l'Europe n'en a aujourd'hui.
Les villes de l'Italie sont entièrement désertes. La
Grèce ne contient pas la centième partie de ses anciens
habitants. La France n'est rien en comparaison de cette
ancienne Gaule dont parle César. Enfin, je parcours la
terre et je n'y trouve que délabrement. » (1)

De là, il tire cette conclusion pessimiste sur la destinée historique de l'humanité : « Après un calcul aussi
exact qu'il peut l'être dans ces sortes de choses, j'ai
trouvé qu'il y a à peine sur la terre la dixième partie
des hommes qui y étaient du temps de César. Ce qu'il
y a d'étonnant, c'est qu'elle se dépeuple tous les jours,
et si cela continue, dans dix siècles elle ne sera qu'un
désert. » (2).

Cette croyance, aussi naïvement acceptée, ne s'explique pas seulement par l'absence de toute donnée sérieuse, ni par ce fait que Montesquieu, adorant l'antiquité, voudrait y chercher des modèles, surtout dans
cette histoire romaine qu'il aime particulièrement. Il
ne faut pas oublier que les *Lettres Persanes* sont, avant
tout, un pamphlet contre le despotisme et le christianisme. C'est pourquoi Montesquieu, voyant, comme le
dit M. Gonnard, la question de la population « à travers ses préjugés de polémiste, était bien aise
d'adopter une croyance qui venait corroborer les cri-

---

(1) Montesquieu, lettre 113.
(2) Montesquieu, Ibid.

tiques dirigées contre la royauté absolue et contre l'Eglise. » (1).

L'influence de ces préoccupations subjectives n'apparaît pas moins clairement dans la recherche des causes qui, selon Montesquieu, font obstacle au développement de la population.

Considérant d'abord l'action de certaines causes physiques, il semble leur accorder une importance tout à fait exagérée.

« La terre, écrit-il, souffre au-dedans d'elle un combat perpétuel de ses principes: la mer et le continent semblent être dans une guerre éternelle... cent mille causes peuvent agir dont la plus petite peut détruire les hommes et à plus forte raison augmenter ou diminuer leur nombre. » (2).

Les guerres et les épidémies sont des fléaux destructeurs qui ont du moins pour effet de stimuler la natalité.

Pour Montesquieu, « ces grandes destructions sont irréparables, parce qu'un peuple qui manque à un certain point reste dans le même état, et si par hasard il se rétablit, il faut des siècles pour cela. » (3).

Passant aux causes morales de dépopulation, Montesquieu leur attribue l'influence la plus considérable. « Si la terre est moins peuplée qu'autrefois, la grande

---

(1) R. GONNARD, Les doctrines de la popul. au xviiie siècle, Revue d'hist. des doctr., année 1908.

(2) MONTESQUIEU, lettre 114.

(3) Id., lettre 122.

différence vient de celle qui est arrivée dans les mœurs. » (1)

Montesquieu se jette aussitôt dans la critique de la religion chrétienne et de suite il tombe dans une contradiction singulière.

Opposant d'abord au culte romain la religion mahométane, il montre l'influence nocive exercée par la polygamie sur la natalité : « Je ne trouve rien de si contradictoire, dit-il, que cette pluralité de femmes permise par le saint Alcoran, et l'ordre de les satisfaire ordonné dans le même livre. » (2)

Puis, se tournant vers le catholicisme, il l'accuse de provoquer des suites également désastreuses par la prohibition du divorce : « Rien ne contribuait plus à l'attachement mutuel que la faculté du divorce : un mari et une femme étaient portés à soutenir patiemment les peines domestiques, sachant qu'ils étaient maîtres de les faire finir... Il n'en est pas de même des chrétiens que leurs peines présentes désespèrent pour l'avenir : il ne faut donc pas s'étonner si l'on voit chez eux tant de mariages fournir un si petit nombre de citoyens. » Et toujours poussé par la même passion, il déclare que « s'il avait été établi que les maris changeassent de femmes tous les ans, il en serait né un peuple innombrable. » (3)

---

(1) Montesquieu, lettre 115.

(2) Id. lettre 115.

(3) Id., lettre 117.

Le célibat ecclésiastique ne cause pas moins de préjudice à la race future. « Ce métier de continence a anéanti plus d'hommes que les pestes et les guerres les plus sanglantes n'ont jamais faites. » (1).

Montesquieu s'empresse d'expliquer par des motifs religieux l'affaiblissement numérique des peuples catholiques, dont il n'établit pas, d'ailleurs, la réalité. Il affirme simplement que « les pays protestants doivent être, et sont réellement plus peuplés que les catholiques, parce que la religion protestante ne souffre ni prêtres ni dervis. » Aussi, les sujets des princes protestants vivent-ils dans l'opulence tandis que ceux du pape sont misérables.

Montesquieu s'élève aussi contre les effets pernicieux du droit d'aînesse. Parmi ses griefs, le principal est des plus contestables. Pour lui, la plus grave conséquence du droit d'aînesse est de détruire l'égalité des citoyens « qui en fait toute l'opulence ». Or, aujourd'hui que nous jouissons de l'égalité successorale, beaucoup d'auteurs estiment que cette égalité est précisément une des causes de la dépopulation de la France (2).

Au sujet de l'émigration et des colonies, Montesquieu formule les jugements les plus erronés. « L'effet ordinaire des colonies, dit-il, est d'affaiblir les pays d'où on les tire, sans peupler ceux où on les envoie. » (3).

---

(1) MONTESQUIEU, lettre 118.

(2) V. R. GONNARD, La dépopul. en France, th., Lyon 1898, p. 69-70.

(3) MONTESQUIER, lettre 122.

Il ne dit pas qu'elles ne réussissent quelquefois. « Il y a des climats si heureux, que l'espèce s'y multiplie toujours », mais alors même elles sont inutiles, car « au lieu d'augmenter la puissance, elle ne feraient que la partager. »

De cette série de causes, dont il appréciait inexactement l'importance comme facteurs de dépopulation, il résulte bien que Montesquieu voulait découvrir avant tout des arguments nouveaux contre des institutions qui lui semblaient mauvaises à d'autres égards.

Cependant, à côté de ces imputations fausses, on trouve dans l'œuvre de Montesquieu une foule d'observations originales au sujet des véritables causes qui agissent sur le mouvement de la population. Parmi les circonstances défavorables à la fécondité, Montesquieu met au premier rang certains facteurs d'ordre psychologique.

« Les femelles des animaux, écrit-il, ont à peu près une fécondité constante. Mais dans l'espèce humaine, la manière de penser, le caractère, les passions, les fantaisies, les caprices, l'idée de conserver sa beauté, l'embarras de la grossesse, celui d'une famille trop nombreuse, troublent la propagation de mille manières. » (1).

L'immoralité, l'incontinence publique et les unions illicites entraînent des conséquences aussi funestes, en paralysant la puissance génératrice des hommes.

Mais l'action des facteurs économiques sur la popu-

----

(1) MONTESQUIEU, Esprit des Lois, liv. XXIII, ch. I.

lation n'est pas moins importante, et Montesquieu s'applique à mettre en évidence le lien qui fait dépendre la population de ses moyens de subsistance.

C'est dans l'*Esprit des Lois*, au chapitre 10 du livre XXIII°, qu'il formule la loi naturelle régissant le principe de population.

« Partout où il se trouve une place où deux personnes peuvent vivre commodément, il se fait un mariage. La nature y porte assez lorsqu'elle n'est point arrêtée par la difficulté de la subsistance. » (1).

Ainsi la population se trouve limitée par le fonds des subsistances. Montesquieu constate ce fait, mais il ne s'inquiète pas de savoir si la population tend à dépasser cette limite. Il croit, au contraire, que les hommes sont loin d'avoir atteint le maximum de ressources disponibles. Pour la France, en particulier, il estime que cinquante millions d'habitants pourraient y vivre sans peine alors qu'on en trouve seulement quatorze.

Ce n'est pas à dire que la productivité du sol soit illimitée. Montesquieu nous a fait entendre, dans une de ses *Lettres Persanes*, que la terre pourrait bien se lasser de fornir la subsistance des hommes, et qu'en fait, la preuve en existait déjà dans plusieurs contrées (2).

Toutefois, cette crainte ne le préoccupe guère et les moyens de l'écarter lui semblent nombreux.

Montesquieu s'attache en effet à l'examen des cir-

---

(1) MONTESQUIEU, Esprit des Lois, liv. XXIII, ch. 10.
(2) Id. lettre 114.

constances les plus favorables à l'augmentation des moyens de subsistance.

Le développement de la culture est la première condition d'une population nombreuse, tandis que « les pays sauvages sont ordinairement peu peuplés, par l'éloignement qu'ils ont presque tous pour le travail et la culture de la terre. » (1).

Mais le nombre des hommes dépend du genre de productions que donnent les terres cultivées et la facilité de la subsistance se trouve augmentée quelquefois par suite de certaines causes spéciales. C'est ainsi que dans les ports de mer, on voit plus d'enfants qu'ailleurs, — de même, dans les pays de mines, où toutes les terres peuvent être cultivées. — Au contraire, les pays de pâturages sont peu peuplés, tandis que les terres à blé occupent plus d'hommes et les vignobles infiniment davantage (2).

L'agriculture doit avoir la place d'honneur, mais le développement parallèle des industries n'est pas moins nécessaire pour assurer l'accroissement des subsistances.

« Si l'on néglige les arts et qu'on ne s'attache qu'à l'agriculture, le pays ne peut être peuplé. Ceux qui cultivent ayant des fruits de reste, rien ne les engage à travailler l'année d'ensuite... il faut leur donner envie d'avoir le superflu, mais il n'y a que les artisans qui le donnent. » (3).

---

(1) MONTESQUIEU, lettre 121.
(2) Id, Esprit des Lois, liv. XXIII, ch. 13 et 14.
(3) Id, Esprit des Lois, liv. XXIII, ch. 15.

Enfin, il faut songer au concours que peuvent se prêter entre eux les divers pays par l'échange des produits de leur industrie.

En effet, « les bourgades de sauvages, isolées les unes des autres, ne peuvent se soutenir, parce qu'elles n'ont pas la ressource des grands Etats, dont toutes les parties se répondent et se secourent mutuellement. » (1).

Tout est pour le mieux, semble-t-il, puisque l'augmentation de la population ne va pas sans l'accroissement des subsistances et réciproquement. Il n'en est pas moins vrai que la tendance naturelle qui porte les hommes à procréer rencontre un obstacle dans la misère ou plutôt dans la crainte de la misère.

Montesquieu signale ici une distinction intéressante, qui sera reprise par les théories modernes.

D'une part, en effet, il est un état de misère où les pauvres prolifèrent sans mesure. « Les gens qui n'ont absolument rien, dit Montesquieu, comme les mendiants, ont beaucoup d'enfants. C'est qu'ils sont dans le cas des peuples naissants, il n'en coûte rien au père pour donner son art à ses enfants, qui même sont en naissant des instruments de cet art. » (2). Et Montesquieu déplore les conséquences de cette misère excessive. « A quoi sert, dans un Etat, dit-il, ce nombre d'enfants qui languissent dans la misère ? Ils périssent presque tous à mesure qu'ils naissent, ils ne prospèrent

---

(1) MONTESQUIEU, lettre 121.
(2) Id, Esprit des lois, liv. XXIII, ch. 11.

jamais. Ceux qui échappent aux épidémies atteignent l'âge viril sans avoir la force et languissent tout le reste de leur vie. » (1).

Mais, d'autre part, il y a des gens qui s'abandonnent au découragement et ne se reproduisent plus. Ce sont ceux qui redoutent les vexations et l'oppression tyrannique. « Si un homme est mal à son aise et qu'il sente qu'il fera des enfants plus pauvres que lui, il ne se mariera pas; ou s'il se marie, il craindra d'avoir un trop grand nombre d'enfants, qui pourraient achever de déranger sa fortune, et qui descendraient de la condition de leur père. » (2).

La conclusion de toutes ces recherches sur les causes de la dépopulation, Montesquieu n'hésite guère à la proclamer : « De tout ceci, il faut conclure que l'Europe est encore aujourd'hui dans le cas d'avoir besoin de lois qui favorisent la propagation de l'espèce humaine » (3).

Montesquieu ne doute pas, en effet, qu'une population nombreuse soit nécessaire à la prospérité de l'Etat. Son désir est que l'harmonie règne entre les Etats. Pour que le maintien des bons rapports soit assuré, il faut que le développement des nations soit aussi uniforme que possible, car la supériorité de l'une d'entre elles serait de nature à lui faire concevoir de mauvais desseins à l'égard des autres et à compromet-

---

(1) MONTESQUIEU, lettre 123.
(2) Id, lettre 123.
(3) Id, Esprit des Lois, liv. XXIII, ch. 26.

tre leur sécurité. Or, Montesquieu a constaté que dans certains pays, la population a une tendance invincible à s'accroître d'une manière particulièrement rapide; afin de maintenir l'équilibre si nécessaire à la paix et à la prospérité commune, les législateurs des nations chez lesquelles des causes naturelles de fécondité n'existent pas, doivent prendre des mesures pour conserver leur rang.

A ces considérations d'ordre politique se joignent certaines préoccupations économiques. « J'aurai peut-être, écrit Montesquieu, l'occasion de te prouver que plus il y a d'hommes dans un Etat, plus le commerce y fleurit; je prouverai aussi facilement que plus le commerce y fleurit, plus le nombre des hommes y augmente: ces deux choses s'entr'aident et se favorisent nécessairement. » (1).

Quoi qu'il en soit, c'est au législateur qu'il appartient de réagir contre les causes de dépopulation et de favoriser par tous les moyens la propagation de l'espèce. Nous avons vu Montesquieu chercher dans des institutions mauvaises la cause principale du dépeuplement. De même, pour lui, si l'on veut porter remède au mal, ce sont les institutions qu'il s'agit de corriger et d'améliorer par des lois bienfaisantes.

Cela posé, de quelles vues le législateur doit-il s'inspirer pour favoriser et maintenir une nombreuse population ?

---

(1) MONTESQUIEU, lettre 116.

Le meilleur moyen d'assurer au plus grand nombre
la facilité de subsistance serait sans doute d'établir l'é-
galité des biens. « Quoi qu'il y ait peu d'arts, le pays
peut être très peuplé, parce que chaque citoyen trouve
dans le travail de la terre précisément de quoi se nourrir. » (1). Cependant, Montesquieu, quittant cet idéal
de simplicité et d'égalité, se place dans l'hypothèse
de la civilisation industrielle, où les fonds de terre
sont inégalement répartis. Dans ce cas, il faut développer « l'esprit de commerce et d'industrie ». Mais
la fortune est sujette à mille accidents. C'est pourquoi
le gouvernement doit alors se préoccuper du sort des
chômeurs involontaires.

Il doit leur venir en aide en leur procurant du travail
ou des secours passagers. Montesquieu fait la critique
des hôpitaux qui ne font qu'augmenter la pauvreté générale en inspirant l'esprit de paresse. Mais il n'en pose
pas moins formellement ce principe « que l'Etat doit à
tous les citoyens une subsistance assurée, la nourriture,
un vêtement convenable, et un genre de vie qui ne soit
point contraire à la santé. » (2).

Tout cela témoigne de quelle vigilance le gouvernement doit user à l'égard de la population existante, mais
vis-à-vis de la génération future ses obligations ne sont
pas moins lourdes.

---

(1) MONTESQUIEU, Esprit des Lois, liv. XXIII, ch. 15.

(2) Id. Esprit des Lois, liv. XXIII, ch. 29. — Prise au
pied de la lettre, cette formule contient l'affirmation for-
melle du droit à l'assistance. Remarquons toutefois que
Montesquieu ne réclame l'intervention législative que pour
ceux qui ne peuvent pas subsister par eux-mêmes.

Montesquieu se préoccupe à maintes reprises des procédés à employer pour encourager les mariages et la procréation.

Cependant, il conçoit d'abord qu'il existe des cas où le légistlateur n'a rien à faire. « Il y a des pays où la nature a tout fait, dit-il ; à quoi bon engager, par des lois, à la propagation lorsque la fécondité du climat donne assez de peuple ? » (1). Parfois même, comme en Chine, la surpopulation se produit avec les horreurs qui en dérivent.

De là, Montesquieu conclut que les circonstances seules doivent déterminer les règlements sur le nombre des citoyens. Passant en revue, à ce sujet, les lois mises en usage par les Etats de l'antiquité, il insiste particulièrement sur la législation romaine et sur le système de récompenses et de peines qu'elle impliquait ; puis il montre comment les lois perdirent peu à peu leurs sanctions sous l'influence croissante du christianisme « là où le célibat avait la prééminence, il ne pouvait plus y avoir d'honneur pour le mariage » (2).

De l'exemple donné par l'empire romain dont la chute s'explique par le despotisme et la superstition d'une monarchie faible, il résulte aussi, pour Montesquieu, que suivant les causes de la dépopulation il faut appliquer des remèdes différents.

D'une part, en effet, si le mal provient de causes passagères, d'accidents particuliers, des guerres, des pestes, des famines, il y a des ressources. Les hommes peu-

---

(1) MONTESQUIEU, Esprit des Lois, liv. XXIII, ch. 16.
(2) Id, Esprit des Lois, liv. XXIII, ch. 21.

vent devenir plus industrieux par leur calamité même.
Mais il y a d'autre part des cas où le vice est plus profond et le mal presque incurable, c'est-à-dire « quand la
dépopulation vient par un vice intérieur et un mauvais
gouvernement. Les pays désolés par le despotisme ou
par les avantages excessifs du clergé sur les laïques en
sont deux grands exemples. » (1).

Aussi bien, toujours en proie aux mêmes préoccupations subjectives, Montesquieu ramène sur le terrain
philosophique la question de la population, et la subordonne à sa théorie de la liberté politique, qui forme le
point culminant de l'Esprit des Lois.

On sait que Montesquieu est avant tout un modéré
qui hait le despotisme sous toutes ses formes : « Ceux
qui ont dit qu'une fatalité aveugle gouverne le monde
ont dit une grande absurdité » (2). Mais il a foi dans
la raison humaine. C'est elle qu'il faut élever au-dessus
des puissances naturelles, c'est l'idée qu'il faut mettre
au-dessus des faits. Et partant de là, Montesquieu trace
le cadre d'une constitution libre dont doit dépendre le
plus grand bien de l'Etat.

De même qu'un mauvais gouvernement enlève tout
espoir de relever la population, de même il faut attendre d'une bonne constitution les meilleurs résultats.
Voici d'ailleurs comment se traduiront ces effets bien-
faisants.

« La douceur du gouvernement contribue merveil-

---

(1) MONTESQUIEU, Esprit des Lois, liv. XXIII, chap. 28.
(2) Id, Esprit des Lois, liv. I, ch. 1.

leusement à la propagation de l'espèce. Toutes les républiques en sont une preuve constante. Rien n'attire plus les étrangers que la liberté et l'opulence qui la suit toujours. L'égalité même des citoyens, qui produit ordinairement l'égalité dans les fortunes, porte l'abondance et la vie dans toutes les parties du corps politique, et la répand partout. » (1).

On pourrait dire qu'en signalant ainsi l'influence de la forme politique sur la population, Montesquieu annonçait une grande vérité, dont l'importance a été proclamée par les théories modernes. La liberté, l'égalité, ainsi que l'opulence, sont aujourd'hui considérés comme exerçant une action décisive sur le mouvement de la population. Mais précisément ces trois facteurs agissent contrairement aux prévisions de Montesquieu.

On voit, en effet, dans l'union de l'égalité politique et de la liberté économique une cause restrictive de la natalité. Quand la constitution politique supprime les barrières entre les différentes classes de la société et permet à tous les citoyens de s'élever au-dessus de leur position, tout en maintenant parmi eux l'inégalité économique, il est établi que chacun cherche alors à s'imposer des sacrifices et à limiter sa progéniture, de telle sorte que la population totale tend à demeurer stationnaire.

En résumé, l'ensemble des idées de Montesquieu sur la population nous apparaît comme un mélange regret-

(1) MONTESQUIEU, lettre 123.

table d'observations exactes et de conceptions fausses. Parti d'une hypothèse dénuée de fondement sérieux, dominé par des considérations étrangères à l'esprit scientifique, Montesquieu ne pouvait manquer d'aboutir à d'étranges paradoxes. Aussi ses conclusions sont-elles, pour la plupart, démenties par les faits. « Je n'ai point tiré mes principes de mes préjugés mais de la nature des choses », déclarait-il dans sa préface de l'Esprit des Lois. En dépit de cette affirmation il semble bien qu'en traitant la question de la population il partageait, à beaucoup d'égards, les préjugés de ses contemporains.

Toutefois, il convient de voir surtout dans les Lettres Persanes un livre d'épigrammes contre les actes du gouvernement, et dans l'Esprit des Lois un traité de législation et d'art politique et social.

Si l'on tient compte, en outre, de l'époque où furent publiés ces deux ouvrages, il faut reconnaître à Montesquieu ce mérite d'avoir mis en lumière beaucoup mieux que ses prédécesseurs les éléments essentiels du problème de la population.

Il a précisé dans ses formules sentencieuses l'influence démographique des principaux facteurs d'ordre social, économique et moral. En affirmant que les phénomènes sociaux sont assujettis à des lois naturelles, en discernant le fait que les phénomènes sociaux dépendent des conditions du milieu économique, en préconisant enfin l'emploi de la méthode d'observation, Montesquieu s'est réellement placé au premier rang parmi les fondateurs de la science sociale.

II. — Les agrariens

Dans la littérature économique qui précède la naissance du système physiocratique, l'agriculture occupait déjà la place d'honneur. Se plaçant sous l'illustre patronage de Sully, beaucoup d'auteurs posaient en principe que l'agriculture était pour un grand royaume comme la France la plus sûre de toutes les sources de richesses. Mais cette opinion dont ils ne tiraient pas d'ailleurs les mêmes conséquences que les Physiocrates reposait sur des principes différents de ceux de Quesnay. Celui-ci se plaçait au point de vue financier de la production du revenu. Les agrariens, au contraire, appréciaient surtout les avantages politiques de l'agriculture. L'idéal qu'ils se proposaient, ce n'était pas tant de procurer à l'Etat la plus grande richesse mais la puissance la plus solide. Aussi bien l'agriculture, par le privilège qu'elle possède de former des hommes robustes et de les fournir en grand nombre, satisfait au premier besoin de l'Etat. Une population rurale très dense apparaît comme le véritable moyen d'entretenir dans le royaume des forces toujours actives, toujours renaissantes, à l'abri des disettes et des excès du luxe, au sein d'une vie grossière peut-être, mais simple, saine et tranquille, toujours prêtes enfin à fournir au pays des denrées abondantes, à l'industrie des bras superflus, à la milice de bons soldats et au trésor des revenus assurés. La productivité essentielle du travail humain s'affirme dans cette doctrine avec autant de force que dans le mercantilisme industriel ou commercial. L'homme est toujours considéré comme l'agent principal de la production des richesses, mais à côté de lui, le rôle de la terre devient prépondérant. Cette conception s'inspire ouvertement de la formule qu'avait établie le « père de l'économie politique anglaise », William Petty, et qui fut introduite et développée en France par l'*Essai sur la nature du Commerce*, de Cantillon : « La terre, disait celui-ci, est la source ou la matière d'où l'on tire la richesse ; le travail de l'homme est la forme qui le produit » (1).

De là résulte que la propagation de l'espèce est à la fois une cause et un effet de l'augmentation des moyens de subsistance. Le rapport étroit qu'on établit entre le nombre des hommes et la productivité du sol servira désormais de base à la théorie de la population. Le phénomène démographique dépend en premier lieu de la constitution économique. De cette vérité mise en évidence par les économistes précurseurs des Physiocrates on voit se dégager une compréhension plus large du problème de la population. L'accroissement de l'espèce humaine apparaît comme étant lié aux différents progrès de la vie sociale, économique et morale. La puissance du principe de population est nettement proclamée et l'on observe judicieusement l'influence des principaux facteurs qui agissent sur la force génératrice de l'homme, pour la mettre en éveil ou la paralyser.

---

(1) CANTILLON, Essai sur la nature du commerce, ch. 1.

La conclusion à laquelle on arrive généralement, c'est qu'en principe il suffira, pour obtenir une population nombreuse, d'écarter les obstacles qui diminuent la production totale des subsistances, richesses immédiates et certaines, les plus nécessaires et les plus assurées de toutes. On croit trouver dans la puissance productive du sol et dans l'amélioration de la culture des ressources inépuisables, et par suite on ne s'inquiète pas des maux que pourrait entraîner une surabondance de population. Mais l'opinion des auteurs varie en fait quant aux moyens d'augmenter le produit brut. Les vues les plus libérales se mélangent avec les idées les plus autoritaires. Les uns préconisent la liberté de culture, l'emploi des avances et du bétail, la libre exportation des denrées. D'autres, se plaçant au point de vue strictement alimentaire, vont jusqu'à proscrire l'élevage et prohiber toute production autre que celle du blé et des denrées de première nécessité. L'intervention du pouvoir est réclamée par certains auteurs pour multiplier les petites exploitations, réglementer la culture, décentraliser la consommation intérieure et ramener dans les campagnes les grands propriétaires et les cultivateurs.

Au fond, des préoccupations mercantilistes se font jour à travers ces idées. On voit dans le développement de la production agricole non seulement un moyen pour la nation de se rendre indépendante des Etats voisins pour son approvisionnement, mais encore une pratique commerciale avantageuse pour assurer sa suprématie politique en se rendant maîtresse de la consommation des pays étrangers. Cependant il faut noter comme un progrès considérable les revendications qu'on fait entendre à cette époque en faveur de l'amélioration du sort des cultivateurs.

La prospérité de l'Etat et l'intérêt des autres classes de la société dépendent en réalité, suivant la conception nouvelle de l'organisation économique, des conditions d'existence du peuple des campagnes (1). Le moyen d'obtenir pour le plus grand nombre un bien-être constant et durable, c'est d'encourager la culture, et pour cela il faut attacher le paysan à la terre par des liens d'intérêt personnel, alléger le poids des charges qui l'oppriment, faciliter la vente de ses produits, lui donner en un mot plus de liberté, plus de sécurité dans le présent et plus de confiance en l'avenir.

C'est ainsi qu'en dissipant sa crainte de ne pouvoir élever une famille on détruira l'obstacle principal au développement d'une population saine et robuste en même temps que très nombreuse.

Parmi les partisans de ce populationnisme agricole il faut citer au premier rang le marquis de Mirabeau, le fameux auteur de « l'Ami des Hommes ». L'analyse de cet ouvrage est des plus importantes pour notre étude, mais nous croyons utile d'en joindre l'examen à celui que nous ferons de la doctrine physiocratique.

---

(1) « C'est dans les chaumières, dit un auteur contemporain, Bearde de l'Abbaye, qu'on peut apprécier les richesses physiques et réelles d'un pays ; c'est là le baromètre où l'on peut en évaluer les véritables forces ». Cité par Weulersse, op. cit. t. I, p. 246.

L'auteur, en effet, se ralliant dans la suite aux idées
de Quesnay, s'en montra le disciple le plus ardent et
le plus dévoué. Croyant de toute son âme à l'évangile
nouveau il jugea bon de réfuter lui-même ses premières
idées sur la population. Rapprochées l'une de l'autre,
il nous semble que ces deux phases de l'histoire intellectuelle de Mirabeau auront l'avantage de mettre en
relief l'un des principaux conflits d'idées que souleva
au XVIII⁰ siècle le problème de la population.

Mais en dehors de Mirabeau, immédiatement avant les
Physiocrates et en même temps qu'eux, quelques auteurs, étrangers à la « secte », méritent d'être signalés
à cause de leur influence sur l'opinion et sur le mouvement des idées en matière d'économie rurale et de population.

L'Essai sur la Police générale des grains, de *Claude-
Jacque Herbert*, dont la première édition parut en 1753,
remporta auprès du public un succès des plus remarquables et des plus mérités (1). Bien qu'il ait consacré
son livre à la question spéciale du commerce des grains,
l'auteur exprime sur la population un ensemble de vues
plus exactes et plus complètes que celles de la plupart
de ses contemporains.

Herbert considère l'agriculture et la population
comme les bases les plus solides de la force et de l'opulence de l'Etat.

On voit des pays de peu d'étendue s'égaler à de vastes

_____

(1) Six éditions de l'Essai se succédèrent de 1753 à 1757.

royaumes parce qu'ils ont su les premiers « calculer le prix d'un homme et la valeur d'un arpent » (1) et considérer les denrées, les sujets et le travail assidu comme le germe des richesses et de la puissance. La valeur d'un Etat ne se mesure donc point par l'étendue de son domaine mais par le nombre de ses habitants et par l'utilité de leurs travaux. L'occupation la plus essentielle au bien public est l'agriculture. « C'est du sein de notre mère commune que les hommes tirent leurs besoins; de la supériorité de la culture naît une supériorité de population; du plus grand nombre d'habitants vient une plus grande industrie; de l'industrie bien dirigée suit un commerce plus étendu et ces différents accroissements forment les sources inaltérables des revenus publics » (2). L'agriculture florissante est une pépinière d'ouvriers, de matelots et de soldats robustes, qui sont accoutumés aux travaux pénibles et qui « soutiendront aisément ceux de Mars ».

Mais il n'y a pas de terre assez féconde pour produire sans le secours des hommes. Les meilleures contrées restent en friche, faute de colons pour les cultiver. Ceux que le sort destine à ce travail ont droit, d'après l'auteur, à l'estime publique et à l'attention du gouvernement, car « il y a des citoyens plus précieux, il n'y en a guère de plus nécessaires; il s'en trouve beaucoup qui ne leur sont pas comparables » (3).

---

(1) HERBERT, Essai, éd. Depitre, p. 107.
(2) Id, Essai, éd. Depitre, p. 109.
(3) Id, Essai, éd. Depitre, p. 105.

Herbert n'en constate pas moins l'état de langueur dans lequel se trouve la culture, tandis que les autres professions trouvent sans cesse de nouveaux sujets d'émulation. « Nos campagnes, écrit-il, ne sont pas cultivées à raison de leur fertilité, ni peuplées à proportion de leur étendue. Dans des cantons entiers, les habitants mal couverts, mal nourris, livides et décrépits avant l'âge ne promettent point une postérité plus vigoureuse » (1). Il trouve étonnant que la France avec les avantages qu'elle tient de sa situation privilégiée, ne contienne que seize à dix-huit millions d'habitants, ainsi qu'on le pense communément, à défaut de dénombrements certains dont l'auteur regrette l'absence.

En tout cas il estime que la moitié de son terrain mise en valeur pourrait fournir à la France de quoi faire subsister de vingt-huit à trente-cinq millions de sujets.

Partant de là, Herbert recherche les causes de cette population déficitaire et les moyens les plus efficaces de la régénérer et d'en porter le chiffre aussi loin que possible. Parmi les obstacles qui s'opposent au développement de la population Herbert distingue deux catégories de causes dont l'importance respective lui paraît très inégale.

Les premières sont plus apparentes : ce sont les guerres, les famines et les maladies, dont les ravages sont terribles; mais ces maux passagers se réparent. Les autres, au contraire, qui tarissent les sources prin-

---

(1) HERBERT, Essai, éd. Depitre, p. 110.

cipales des subsistances ont des effets plus redoutables :
Ce sont les vices intérieurs qui minent l'Etat par degrés
imperceptibles et par là Herbert entend surtout ce qui
tend « à détériorer le travail de la terre ».

Si l'on manque de colons, il ne faut pas s'en étonner,
car c'est un penchant naturel qui porte les hommes au
bien-être et à l'oisiveté et plus les autres classes seront
riches et distinguées, plus l'attrait des plaisirs les pous-
seront dans les villes, où « le luxe étouffe souvent la
postérité ». L'histoire de la civilisation, celle du peuple
romain en particulier, prouve que si les Républiques et
les Empires se forment dans la simplicité et la frugalité,
ils se perdent par la corruption des villes, la mollesse et les
désordres du luxe. Les mœurs ne sont point indifférentes
pour la conduite des peuples : « Elles sont quelquefois,
dit Herbert, plus efficaces que les lois mêmes, et opèrent
les plus grands effets pour l'accroissement et la diminution des sujets » (1). A ce point de vue la supériorité morale de l'agriculture paraît évidente. « Jamais la
culture ne corrompit les hommes et les esprits ». Elle
entretient une aisance plus désirable que les richesses
factices ; elle multiplie les travaux et « des hommes
toujours occupés ne tombent point dans des écarts dangereux » (2).

Si l'on veut accroître la population, il faudra donc
s'efforcer, suivant Herbert, de soutenir l'agriculture à
quelque prix que ce soit. « Elle seule, dit-il, entretient

---

(1) HERBERT, Essai, éd. Depitre, p. 116.
(2) Id, Essai, éd. Depitre, p. 117.

la circulation nécessaire et comme le sang caché dans les veines, elle seule imprime la vie et le mouvement à tous les membres de l'Etat » (1).

Ce n'est pas dans les villes, ni dans les plus hauts rangs de la société qu'il faut chercher « une ressource pour la postérité ». « La manière de vivre, les passions, l'intérêt, la délicatesse sont des obstacles à la population. La nature humaine ne déploie toute sa fécondité, que dans les campagnes florissantes, et chez celui qui, sans ambition, ne travaille précisément que pour vivre » (2). Il suffira donc d'écarter les obstacles qui nuisent au progrès de l'agriculture et l'accroissement de la population se produira en vertu de sa loi naturelle, sans qu'il y ait besoin d'aucun autre stimulant.

Herbert a bien compris la force du principe de population : « Nous n'examinerons pas, dit-il, de quelle façon la race des hommes se multiplie. Il est évident que leur nombre augmenterait à l'infini, sans des obstacles physiques, politiques et moraux. Il nous suffit de savoir que les hommes sont toujours en abondance, partout où ils se trouvent bien, et l'on remarque aisément que les Etats ne se peuplent pas suivant la progression naturelle de la propagation, mais en raison de leur industrie, de leurs productions et des différentes institutions » (3). Il ne s'inquiète pas d'une rupture possible de l'équilibre entre la population et les moyens

---

(1) HERBERT, Essai, éd. Depitre, p. 120.
(2) Id, Essai, éd. Depitre, p. 108.
(3) Id, Essai, éd. Depitre, p. 108.

de subsistance, car pour lui l'abondance dépend moins
de la fertilité du terrain que des causes qui attachent
le cultivateur à son pays ou qui l'en dégoûtent. « Il
n'y a pas de terre si ingrate que l'industrie ne mette
à profit quand l'intérêt l'y engage » (1). Or, si le travail l'emporte sur la qualité du sol, les hommes pourront se multiplier comme les denrées.

Aussi bien, faut-il aider la nature dans ses opérations et par des lois douces et sages protéger les produits de la terre et ceux qui les font éclore. « Des gens
découragés, remarque Herbert, prisent trop peu la vie
pour avoir soin de celle des autres. On ne songe point
à arroser des plantes quand on a besoin d'eau pour
soi-même » (2). Au contraire, si le colon peut jouir
sans inquiétude du fruit de ses peines, il n'appréhende
point de voir croître sa famille « quand il prévoit pouvoir la soutenir ». Sa simplicité et son économie lui
font trouver « de nouvelles ressources et des espérances
dans ses rejetons ». Ses terres mieux cultivées lui fournissent plus de subsistances : et leur abondance facilite
la population. Il y a donc plus à gagner pour l'Etat
à favoriser l'agriculture que de chercher à s'enrichir
subitement par des arts recherchés. La culture pourra
faire entrer moins de métaux dans le pays, mais elle
y entretiendra plus d'hommes, et ces hommes « font
une puissance effective », tandis que ll'or et l'argent,

----

(1) HERBERT, Essai, éd. Depitre, p. 103.
(2) Id, Essai, éd. Depitre, p. 108.

qui se dissipent aisément, ne sont souvent « que le masque de l'opulenc » (1).

Dans ses *Intérêts de la France mal entendus*, ouvrage publié en 1756, *Ange Goudard*, partisan d'une population très dense, pose en principe que « du travail

---

(1) HERBERT, Essai, éd. Depitre, p. 120.
L'auteur de l'*Essai sur la Police générale des grains* expose dans le dernier chapitre de son livre des vues intéressantes sur l'emploi de la statistique. Partant de ce principe que le bien de l'Etat ne se fait point par hasard, il insiste sur la nécessité pour le gouvernement d'obtenir une connaissance détaillée des différentes parties de son administration. Le dénombrement des sujets, des productions et des revenus permettrait de juger avec certitude des causes de leur accroissement et de leur diminution. « Cet esprit de calcul, dit-il, cette étude, ne seraient pas moins utiles au genre humain, que les connaissances les plus sublimes », et il ajoute : « L'ignorance des détails entraine quelquefois celle des principes. Il faut des détails et des faits pour ne poin tomber dans l'errreur. Des spéculations, des raisonnements dénués des lumières de l'expérience pratique, sont des prismes qui varient les objets et les couleurs, suivant la main qui les guide. »
Pour acquérir ces connaissances nécessaires, Herbert préconise l'établissement d'un Bureau « qui ne fût occupé que du soin de l'agriculture, de ses causes et de ses effets. » Une correspondrance suivie avec les provinces lui permettrait de s'assurer chaque année de la quantité des récoltes et du nombre des habitants et de découvrir les causes de leur affaiblissement et de leur succès. « On saurait pourquoi une province est plus peuplée qu'une autre, ce qui peut attirer ou décourager la population et la culture ». Il demande aussi l'institution d'un cadastre général, servant à régler les impositions. C'est peut-être à l'existence d'un Registre public du revenu des terres que l'Angleterre, d'après lui, doit l'augmentation de sa culture et de son peuple.

général dépend la richesse de la République ». Il voit
dans l'accroissement de la population rurale, la cause
du progrès agricole. « Il ne faut point de capitaux,
déclare-t-il, rien que des bras. » Pour lui, l'agriculture
n'a pas de bornes, plus on s'y adonne, plus on y découvre de nouvelles branches. C'est la base de la véritable puissance économique et militaire de l'Etat. Ses
productions, indépendantes des préjugés, des goûts, des
caprices des nations constituent des richesses « fixes
et permanentes », assurées d'un écoulement plus avantageux que celui des produits manufacturés dont l'étranger peut facilement se passer.

Mais l'avantage d'une puissance agricole réside surtout, selon Goudard, dans l'indépendance de son approvisionnement. « Point de pain, point de politique, écrit-
il ; il faut que le nécessaire physique des sujets se trouve
en entier dans l'Etat. La faiblesse d'un peuple augmente à mesure qu'il dépend plus des autres pour
sa subsistance » (1). La supériorité politique dépend
donc de l'agriculture. En permettant de nourrir directement une population aussi pressée que robuste, celle-
ci est « la force motrice des combats, l'âme de la vic-
toire ».

Mais il faut d'abord songer à préserver le peuple
actuel de la disette, et travailler ensuite à donner au
pays les 8 millions d'habitants dont il pourrait s'ac-

_____

(1) GOUDARD, Les int. de la France, t. I, p. 9.

croître (1). Dans ce but, il s'agit de faire produire au royaume la plus grande quantité possible de subsistances. Goudard attaque avec vigueur tout ce qui peut, d'après lui, diminuer la population rurale et l'étendue des terres cultivées. S'il critique le luxe, c'est parce que celui-ci entretient toute une armée de laquais, valets de pied, maîtres d'hôtel, intendants, pages, portiers, piqueurs, etc..., qui diminuent d'autant le nombre des travailleurs de la terre. Il voudrait anéantir les rentiers, parce qu'ils font obstacle à l'accroissement des générations (2). C'est toute une législation qu'il propose pour ramener au travail agricole le plus grand nombre de citoyens. S'il fallait l'en croire, le gouvernement devrait forcer les pauvres à s'adonner à l'agriculture, organiser des sortes de workhouses agricoles (3). Ne pourrait-il pas donner gratis aux pauvres ménagers des outils comme il donne au soldat des armes pour soutenir sa puissance ? Pour remédier au « divorce géographique » de l'agriculture et de l'industrie dans les provinces, il faudrait s'opposer à l'installation des manufactures dans la capitale. Un moyen de décentraliser la consommation consisterait encore, d'après l'auteur, à forcer les millionnaires d'aller habiter les

---

(1) « Il s'en faut de 8 millions d'habitants (17 au lieu de 25) que notre puissance ne soit au degré de force où notre gouvernement politique pourrait la porter ». — GOUDARD, Les intérêts de la France mal entendus, t. 1, p. 11.

(2) V. WEULERSSE, Le Mouvement Physiocr., t. II, p. 269.

(3) Id, Le Mouvement Physiocr., t. I, p. 393.

provinces pauvres du royaume, et à donner l'ordre aux grands seigneurs de consommer leurs revenus dans leurs terres (1).

Pour parer au danger de la dépopulation rurale, il faut favoriser les cultures qui exigent le plus de main-d'œuvre. Dans ce but, Goudard demande des règlements sévères contre l'extension des bois, des vergers. C'est du blé qu'il faut avant tout. Poussant à l'extrême les conséquences de sa théorie, il voudrait voir disparaître tout ce qui n'est pas terre labourée : les bâtisses inutiles, les domaines gaspillés en parcs, en jardins fleuristes ou en garennes. Dénonçant l'extension de la très grande propriété, « on trouve chez nous, dit-il, des particuliers qui jouissent de 10.000 arpents, tandis que d'un autre côté on voit 10.000 particuliers qui n'en possèdent pas 100. Une quantité prodigieuse de citoyens n'a point un seul pouce de terre en propriété » (2). Or, il s'agit de multiplier les petits propriétaires parce qu'ils vont au plus pressé, qui est leur subsistance, et font valoir leur portion de terre par des productions de première nécessité, tandis que les particuliers qui possèdent de grands domaines ne cherchent à en tirer que les plus grands revenus au détriment du bien général de l'Etat.

---

(1) Signalant les dangers de la bienfaisance aveugle, Goudard estime que le total des charités publiques et privées s'élève à 400 millions par an, « somme qui suffit pour donner à vivre au dixième des sujets de l'Etat sans rien faire ». GOUDARD, t. 11, p. 56.

(2) Cité par Weulersse, op. cit., t. II, p. 445.

Ce plaidoyer violent en faveur de la production agricole n'empêche pas Goudard de soutenir également, dans l'intérêt de la population, la cause de l'industrie. Celle-ci doit, en effet, contribuer à faire subsister un plus grand nombre d'hommes, mais il va de soi, à cette condition que l'usage des machines qui diminuent la main-d'œuvre, soit prohibé. L'auteur ne fait, à ce principe, qu'une seule exception, pour les industries de luxe et d'exportation.

Toutes ces idées de Goudard, qui, par endroits, témoignent d'un protectionnisme outrancier, s'allient d'autre part à des opinions très libérales, notamment en ce qui concerne la circulation des grains à l'intérieur et leur libre exportation à l'étranger.

Forbonnais (1), qui s'inspire à beaucoup d'égards des principes restrictifs du mercantilisme, se rapproche parfois de très près de la doctrine physiocratique, dont il se montra souvent l'adversaire. « La plus grande distribution des richesses circulantes dans l'Etat, écrit-il, s'opère, sans aucune comparaison, par le produit des terres » (2). On voit par là qu'il attache beaucoup de prix à la supériorité de l'agriculture. Il s'inquiète, en effet, de la dépopulation paysanne et se plaît à rappeler qu'au temps de la féodalité les domaines étaient

---

(1) FORBONNAIS (Véron de) publia ses Eléments du Commerce en 1754, sous l'inspiration de Vincent de Gournay. Les Principes et Observations économiques parurent en 1767.

(2) Cité par Weulersse, op. cit., t. I, p. 269.

subdivisés, parce que « chaque seigneur alors, résidant
et toujours en état de guerre, songeait à multiplier
ses hommes » (1). A la fin du XVIᵉ siècle, d'après lui,
« il y avait, en beaucoup d'endroits, infiniment plus
d'habitants dans la campagne qu'il ne s'en trouve aujourd'hui » (2). Une population dense lui semble indispensable à la grandeur et à la prospérité de l'Etat. C'est
pourquoi il se prononce contre l'usage des machines,
dans l'agriculture, parce que « diminuer l'emploi des
cultivateurs, c'est détruire la force de la société, la
masse des hommes, la consommation intérieure » (3).
Il voudrait que les propriétaires fassent vivre sur leurs
terres des familles industrieuses au lieu de dépenser
leur revenu à entretenir « un peuple de célibataires et
des espèces d'animaux qui ne valent pas la nôtre ».

En vue de favoriser la culture, il est d'avis d'accorder aux exploitants l'exemption de la taille et la dis-
pense de la milice pour leurs enfants, mais il compte
aussi, pour ralentir l'exode rural, sur la réduction de
la main-d'œuvre ouvrière par le perfectionnement du
machinisme industriel.

---

(1) FORBONNAIS, Pr. et Obs., t. II, p. 66.

(2) Forbonnais était pourtant du nombre des auteurs qui
se faisaient une idée exacte du mouvement réel de la population. Il soutient, en effet, contre l'opinion commune, que
la France n'a pas moins de 19 à 20 millions d'hommes.
S'il admet qu'elle s'est un moment dépeuplée, il considère
que depuis 1715 le nombre de ses habitants s'est conti-
nuellement accru. V. Princ. et observ., t. I, p. 271. —
V. El. comm., p. 126.

(3) FORBONNAIS, El. du comm., p. 297.

Dans l'intérêt même de l'agriculture, il recommande de ne pas négliger l'industrie. « C'est un fait certain, dit-il, que les provinces où la culture languit particulièrement sont celles où il n'y a point de manufactures » (1). Et Forbonnais cite l'exemple de certains pays exclusivement agricoles, comme la Pologne et la Sicile, qui sont misérables, tandis que l'Angleterre, par son exportation de marchandises de main-d'œuvre, s'assure un tribut constant de la part des autres nations. Ainsi l'industrie, autant que l'agriculture, est productive de richesses: elle contribue de même à l'accroissement de la population en multipliant les ressources et les facultés des citoyens. En somme, dans la pensée de Forbonnais, la population dépend de l'état économique du pays et du dévelloppement simultané de ses forces productives.

Toutefois l'auteur ne paraît point hostile à l'intervention du pouvoir en matière de population, car il fait l'éloge de Colbert à propos de l'édit de 1666. « Ce ministre, écrit-il dans ses Recherches sur les Finances de la France (1754), semble avoir voulu mettre le comble à ses bienfaits, en encourageant la population par une loi que nous regardons comme l'un des plus grands monuments de son administration, mais qui aurait pu recevoir des améliorations dans son application pratique » (2).

---

(1) FORBONNAIS, Pr. et observ., t. I, p. 142.
(2) Id. Recherches et considérations, p. 391.

CHAPITRE III

LES PARTISANS D'UNE POPULATION LIMITÉE

   I. — Voltaire.

   II. — Chastellux.

  III. — Les Physiocrates : Quesnay, Mirabeau.

I. — Voltaire

Voltaire a décrit, dans une page souvent citée (1), comment le goût des problèmes économiques se répandit en France, après la conclusion de la paix d'Aix-la-Chapelle (1748). Lui-même, esprit curieux qui voulait

---

(1) « Vers 1750, la nation rassasiée de vers, de tragédies, de comédies, d'opéras, de romans, d'histoires romanesques, de réflexions morales plus romanesques encore, et de disputes théologiques sur la grâce et sur les convulsions, se mit à raisonner sur les blés. »
Cité par Lavergne, Les Econom. français, p. 177.

tout savoir et toucher à toutes choses, assez attentif
d'autre part à la popularité, ne pouvait s'empêcher
de suivre son temps et d'intervenir dans les contro-
verses qui l'occupaient. Il semble d'ailleurs que, par
l'impulsion de ses propres tendances, ce « Bourgeois
gentilhomme » (1) devait prendre à l'étude de ces questions pratiques touchant aux réformes administratives
un très vif intérêt.

Homme d'affaires et surtout de grand bon sens, formé
à l'école expérimentale de Newton et de Locke (2),
aidé lui-même d'une information vigilante et très étendue, il joua dans la discussion de certains problèmes
économiques ou sociaux débattus de son temps un rôle
des plus sérieux et des plus efficaces.

En particulier, sur le sujet qui nous occupe, Voltaire
exprima des idées très justes et très opportunes. Le
côté soi-disant historique sous lequel on envisageait
alors principalement le problème de la population,
offrait, on le devine, une proie facile à l'humeur scep-
tique et railleuse de notre auteur. Robert Wallace, en
Angleterre, et Montesquieu, en France, venaient d'im-
planter l'hypothèse du dépeuplement progressif de
l'univers. Contre ce préjugé, qui viciait dès l'origine
toute recherche sur la population, Voltaire ouvrit réso-

---

(1) Ce mot est de M. Emile Faguet.

(2) En 1734, Voltaire publiait ses Lettres sur les Anglais,
révélant au public français le philosophe J. Locke, qui
exerça sur le progrès des idées économiques en France
une action appréciable. V. aussi l'éloge qu'il fait du chancelier Bacon, dans sa douzième lettre philosophique.

lument la lutte et détermina en faveur de la thèse opposée, que David Hume avait défendue le premier, une
réaction salutaire et décisive. Sa façon de penser en
matière d'histoire, qui n'était pas certes exempte d'idées
préconçues, le détournait pourtant d'ajouter foi aux
considérations des auteurs anciens. Leurs calculs fantaisistes ne pouvaient être accueillis par un homme
chez qui l'esprit de doute confinait souvent à la néga-
tion (1).

Quoiqu'il en soit, si Voltaire n'apportait pas dans
sa controverse des preuves positives basées sur des
chiffres exacts, il démontrait aux partisans fanatiques
du passé la vanité de leurs supputations, et dans cette
œuvre de critique, où prévalait le bon sens, on voyait
apparaître des considérations économiques dont l'influence se faisait sentir d'une manière heureuse.

C'est dans le « Dictionnaire Philosophique » (2) que
Voltaire, se ralliant aux conclusions de Hume, se prononce en faveur de l'accroissement progressif de la
population.

Il rappelle les évaluations données soit par le père

---

(1) « Il n'y a pas lieu de croire » est la formule favorite
de son Essai sur les mœurs. « A qui fera-t-on croire que
le fétichisme ait existé sur la terre ? à qui fera-t-on croire
que Dioclétien ait fait couler le sang des chrétiens ? Il
n'est pas vraisemblable qu'un homme assez philosophe pour
renoncer à l'empire l'ait été assez peu pour être un per-
sécuteur fanatique. »

(2) Article « Population », éd. de 1785, t. 42 ; éd. Beuchot, t. 27.

Petau, qui comptait « près de 700 milliards d'êtres humains produits en deux cent quatre-vingts ans, après l'aventure du déluge », soit par Montesquieu « qui a toujours exagéré et tout sacrifié à la démangeaison de montrer de l'esprit », soit enfin par l'arithméticien Wallace « qui a exagéré encore plus que Montesquieu, s'il est possible ».

Pourquoi le monde aurait-il été plus peuplé qu'il ne l'est de nos jours ? « Premièrement, je voudrais qu'on m'établît bien nettement l'époque de la création, et comme nous avons dans notre occident près de quatre-vingts systèmes sur cet événement, il est difficile de rencontrer juste. En second lieu, les Egyptiens, les Chaldéens, les Indiens, les Chinois, ayant tous des calculs encore plus différents, il est encore plus malaisé de s'accorder avec eux » (1). Mais « avez-vous bien calculé, demande Voltaire à Wallace, ce qu'il aurait fallu d'argent au grand roi Josaphat pour payer, nourrir, habiller, armer onze cent soixante mille soldats d'élite ? » (2).

Quant à l'objection tirée des multitudes de barbares qui se répandirent comme des torrents sur l'Europe au cinquième siècle, pour effrayer l'imagination populaire il n'est pas besoin d'un si grand nombre d'hommes. « Voyez seulement quel effroi un loup jeta dans le Gévaudan en 1766 » (3). De même que Mandrin, suivi

---

(1) VOLTAIRE, Dict. Philos., éd. 1785, p. 359.
(2) Id, Dict. Philos., éd. 1785, p. 360.
(3) Id, Dict. Philos., éd. 1785, p. 362.

7

de 50 gueux, passait pour en avoir 4.000, de même les 500.000 combattants d'Attila pouvaient bien se réduire à 50.000 assassins affamés; car « la Sibérie, d'où ils venaient, n'était certainement pas plus fertile que de nos jours ».

A toutes ces vagues déclamations, on peut opposer des réponse précises. « Le canton de Berne, par un dénombrement exact, possède seul le nombre des habitants qui désertèrent l'Helvétie entière au temps de César. L'espèce humaine est donc plus que doublée dans l'Helvétie depuis cette aventure » (1). C'est donc une idée digne des plaisanteries de l'auteur des Lettres Persanes de prétendre que l'Europe soit dépeuplée depuis le temps des anciens Romains. « Ce que Rome a perdu, non seulement l'Europe l'a regagné, mais la population a triplé presque p.. ut depuis Charlemagne ». « Qu'on considère, écrit Voltaire dans l'Essai sur les mœurs, depuis Pétersbourg jusqu'à Madrid ce nombre prodigieux de villes superbes, bâties dans des lieux qui étaient des déserts, il y a six cents ans; qu'on fasse attention à ces forêts immenses qui couvraient la terre des bords du Danube à la mer Baltique et jusqu'au milieu de la France. Il est bien évident que quand il y a beaucoup de terres défrichées, il y a beaucoup d'hommes. L'agriculture, quoiqu'on en dise, et le commerce ont été beaucoup plus en honneur qu'ils ne l'étaient auparavant » (2).

---

(1) VOLTAIRE, Dict. Philos., éd. 1785, p. 361.
(2) Id, Essai sur les Mœurs, éd. 1785, t. XVIII, p. 188.

En ce qui concerne la France, Voltaire présente dans le même sens la réfutation de l'article publié dans l'Encyclopédie sur « la population », et dans lequel « il n'y a pas un mot de vrai ». Suivant l'auteur de cet article, Damilaville, la France, bien que s'étant accrue de plusieurs grandes provinces très peuplées, aurait vu sa population décroître d'un cinquième et ses belles provinces devenir incultes.

Voltaire oppose à cette affirmation trois sortes de raisons établissant au contraire que la France n'a jamais été mieux cultivée et par conséquent plus peuplée.

1° Si le royaume avait perdu un cinquième de ses habitants, le roi devrait avoir perdu un cinquième de ses revenus. « Cependant le revenu annuel de la couronne est porté à près de trois cent quarante millions de livres année commune, à quarante-neuf livres et demie le marc ».

2° Comment peut-on dire que les belles provinces de France sont incultes ? « En vérité c'est se croire damné en paradis. Mais sans entrer dans un long détail, considérons Lyon, qui contient environ cent trente mille habitants, c'est-à-dire autant que Rome. Il n'y a pas de ville où l'on fasse meilleure chère. D'où vient cette affluence de nourritures excellentes, si ce n'est des campagnes voisines. Ces campagnes sont donc très bien cultivées; elles sont donc riches. » (1).

---

(1) VOLTAIRE, Dict. Philos., éd. 1785, p. 356 et 366.
« C'est un grand plaisir de se plaindre et de censurer, je l'avoue ; il est doux, dis-je, de plaindre, dans une diges-

3° Enfin, n'est-il pas prouvé par les recherches de trois intendants « que la population est augmentée depuis vingt ans dans leurs généralités ? » (1).

Mais d'ailleurs sur quel fondement Damilaville fait-il reposer son opinion ? Il s'inspire des données incertaines de l'abbé Dubos (2) qui, basant tout son raisonnement sur le calcul des feux (ce mot désignant une famille de trois ou quatre habitants), établissait le total des feux compris dans le royaume de France d'après un document dressé à l'époque de Philippe de Valois.

. Ainsi, remarque Voltaire, « supposé que l'état de subsides de 1328 soit juste, il faudra nécessairement conclure que la France, telle qu'elle est aujourd'hui, contenait, du temps de Philippe de Valois, trente-six millions d'habitants » (3). Or, de la comparaison de ce chiffre avec celui qu'on peut induire du dernier dénombrement fait en 1753, sur un relevé des tailles et autres impositions, il résulterait qu'en quatre cents ans « le nombre des Français serait réduit au quart et dans huit cents ans au huitième, et en suivant cette progression,

---

tion un peu laborieuse, le sort des campagnes qui ont fourni très chèrement toutes ces délicatesses. Voyagez, Messieurs, et vous verrez si vous serez ailleurs mieux nourris, mieux abreuvés, mieux logés, mieux habilllés et mieux voiturés. »

(1) Voltaire, Dict. Philos., éd. 1785, p. 364.

(2) Dubos, Histoire critique de l'établissement de la monarchie en France.

(3) Voltaire, Dict. Philos., éd. 1785, p. 369.

dans neuf mille deux cents ans il ne restera qu'une seule personne mâle ou femelle avec fraction » (1).

Après avoir montré l'invraisemblance et la fragilité des anciens dénombrements, Voltaire évalue pour son compte au chiffre de vingt millions la population de la France.

Se trouvant à peu près d'accord avec l'auteur de la Dîme royale, et surtout avec le détail des provinces donné par les intendants à la fin du dernier siècle, il croit pouvoir en tirer cette conclusion que « la population ne diminue ni n'augmente comme on le croit » (2).

Mais quels sont précisément les facteurs qui agissent sur le mouvement de la population ?

Sur la puissance du principe de population, Voltaire, fait observer M. Gonnard (3) avait une idée qui se rapproche de celle de Mirabeau et qui, sans le conduire aux exagérations de Malthus, est plus forte et plus juste que celle de Montesquieu. C'est l'idée d'un équilibre naturellement obtenu qui domine dans la conception de Mirabeau et de Voltaire. La population tend toujours, suivant ces deux auteurs, à se mettre au niveau des subsistances disponibles. « Partout où la nature a mis des pâturages, écrit Voltaire, le taureau se marie à la génisse, le bélier à la brebis et l'homme à la femme » (4).

(1) VOLTAIRE, Dict. Philos., éd. 1785, p. 370.
(2) Id, Dict. Philos., éd. 1785, p. 370.
(3) GONNARD, Les Doctrines de la population au XVIIIe siècle, Revue d'hist. des doctr. écon., année 1908.
(4) VOLTAIRE, Dict. Philos., p. 363.

« C'est une loi générale, dit-il, ailleurs que la population est d'ordinaire en raison de la bonté du sol ».

Néanmoins, la multiplication des animaux et la reproduction des êtres humains sont régies par des lois différentes. « La nature a pourvu à conserver et à restreindre
les espèces. Elle ressemble aux parques qui filaient et
coupaient toujours. Elle n'est occupée que de naissances
et de destructions.

« Si elle a donné à l'homme plus d'idées, plus de
mémoire qu'aux autres ; si elle l'a rendu capable de gé-
néraliser les idées et de les combiner ; si elle l'a avan-
tagé du don de la parole, elle ne lui a pas accordé celui
de la multiplication comme aux insectes. Il y a plus de
fourmis dans telle lieue carrée de bruyères qu'il n'y a
jamais eu d'hommes sur le globe » (1).

Il faut donc regarder comme des chimères absurdes
« les calculs qu'on a faits sur cette prétendue multiplication, car on ne propage point en raison géométrique.
Si une famille d'hommes multipliait en cette façon, la
terre au bout de deux cents ans n'aurait pas de quoi
les nourrir » (2).

---

(1) VOLTAIRE, Dict. Philos., éd. 1785, p. 364. « Nous répétons que les hommes ne multiplient pas aussi facilement
qu'on le croit en général. Un tiers des enfants meurent
avant l'âge de dix ans. Les calculateurs de progression
ont observé que rarement les conditions favorables sont
réunies pour qu'une nation puisse s'accroître d'un vingtième dans une période de cent années. » Essai sur les
Mœurs, éd. 1785, t. XVIII.

(2) VOLTAIRE, Dictionnaire Philosophique, édition 1785,
p. 367.

Ne faut-il pas d'ailleurs tenir compte des obstacles que rencontre le progrès normal de la population ?

Voltaire n'attribue qu'une portée restreinte aux causes physiques généralement considérées comme des facteurs importants de dépopulation. « La famine, la peste et la guerre, les deux sœurs venues de l'Arabie et de l'Amérique, détruisent les hommes dans un canton ; on est tout étonné de le trouver peuplé cent ans après » (1).

Les guerres, qui sont le plus horrible fléau du genre humain, « laissent en vie l'espèce femelle qui le répare. De là vient que les bons pays sont toujours à peu près également peuplés ».

Les émigrations des familles entières sont plus funestes. « La révocation de l'édit de Nantes et les dragonades ont fait à la France une plaie cruelle ; mais cette blessure est refermée, et le Languedoc est aujourd'hui la province de France la plus peuplée, après l'Ile-de-France et la Normandie » (2).

Voltaire n'aurait émis que des idées justes sur les causes de dépopulation, s'il n'avait pas voulu chercher des raisons puériles dans son hostilité contre le catholicisme.

C'est, en effet, dans le célibat religieux qu'il faudrait, d'après lui, voir le plus grand obstacle au développement de la population.

« Je crois l'Angleterre, dit-il, l'Allemagne protestante,

---

(1) VOLTAIRE, Dict. Philos., éd. 1785, p. 357.
(2) Id, Dict. Philos., p. 365.

la Hollande, plus peuplée à proportion. La raison en est évidente; il n'y a point dans ce pays là de moines qui jurent à Dieu d'être inutiles aux hommes » (1). Sur ce point le bon sens de Voltaire se trouve en défaut. Considérant le célibat monacal comme une cause d'infériorité numérique pour les nations catholiques, il ne semble pas discerner la contradiction dans laquelle il tombe ensuite lorsqu'il voit dans l'existence des moines une preuve que la population est assez nombreuse. « Le terrain de la France est assez bon et il est suffisamment couvert de consommateurs, puisqu'en tout genre il y a plus de postulants que de places; puisqu'il y a deux cents mille fainéants qui gueusent d'un bout du pays à l'autre; enfin, puisque la France nourrit près de quatre-vingt mille moines dont aucun n'a fait servir ses mains à produire un épi de froment » (2).

Aussi bien, Voltaire ne serait-il point partisan d'une population nombreuse ? Jugerait-il que l'accroissement de la population n'est pas toujours un signe de prospérité ?

Redouterait-il enfi   qu'un défaut d'équilibre vînt à se produire entre la population et ses moyens de subsistance ?

Sur ces différents points peut-être la pensée de Voltaire manque de clarté parfaite.

On dirait parfois qu'il penche même avec un peu d'excès pour le développement de la population. « Pour

---

(1) VOLTAIRE, Dic. Philos., éd. 1785, p. 366.
(2) Id, Dict. Philos., éd. 1785, p. 368.

la fortune, dit-il, il n'y a qu'à se marier; faire des garçons et des filles. Quoi, le moyen de vivre commodément
est d'associer ma misère avec celle d'un autre ? Cinq
ou six misères ensemble font un établissement très tolé-
rable. Ayez une brave femme, deux garçons et deux
filles seulement, cela fait sept cent vingt livres de rentes,
supposé que justice soit faite et que chaque individu
ait cent vingt livres de rentes. Vos enfants en bas-âge
ne vous coûtent rien. Devenus grands, ils vous soula-
gent, leurs secours mutuels vous sauvent presque toutes les dépenses et vous vivez très heureusement en philosophes, pourvu que ces messieurs qui gouvernent
l'Etat n'ait pas la barbarie de vous extorquer à chacun
vingt écus par an » (1). En réalité Voltaire, s'inspirant
des idées de Melon, son guide en matière économique,
reconnait dans la population une source de la richesse
nationale.

Dans son « Dialogue entre un philosophe et un contrôleur général des finances » il développe cette opinion
que la richesse d'un pays consiste dans le plus grand
nombre d'hommes laborieux. « Le but, le devoir d'un
gouvernement sage est donc évidemment la peuplade et
le travail » (2), et il ajoute inconsidérément « l'argent
perdu à doter les couvents serait donc très bien employé
à encourager les mariages ».

De tout cela il résulte bien que Voltaire sait apprécier

---

(1) Nouveau Diction. d'Econ. Polit., t. II, article Voltaire.
(2) VOLTAIRE, éd. Beuchot, t. 39, p. 395.

à sa juste valeur, au point de vue de la production des richesses, l'importance du travail humain appliqué soit à l'agriculture (1), soit à l'industrie ou au commerce.

Il n'en est pas moins vrai que la notion d'un juste équilibre entre la population et ses moyens de subsistance semble prévaloir dans son esprit. Une population trop dense ne constitue pas la force de l'Etat. « Le point principal, dit-il, n'est pas d'avoir du superflu en hommes, mais de rendre ce que nous en avons le moins malheureux possible » (2).

Or, la misère ne manquerait pas de suivre un accroissement trop rapide de population. « J'ai entendu parler beaucoup de population. Si nous nous avisions de faire le double d'enfants de ce que nous en faisons, si notre patrie était peuplée du double, si nous avions quarante millions au lieu de vingt millions d'habitants, qu'arriverait-il ? Il arriverait que chacun n'aurait à dépenser que vingt-cinq écus, l'un portant l'autre, ou qu'il faudrait que la terre rendit le double de ce qu'elle rend, ou qu'il y aurait le double de pauvres, ou qu'il

---

(1) Voltaire professait un goût réel, une estime sincère pour l'agriculture. En 1759, par exemple, il écrit à Haller : « Tout ce que nous avons de mieux à faire sur la terre, c'est de la cultiver... Honneur à celui qui fertilise la terre ; malheur au misérable, ou couronné, ou encasqué, ou tonsuré, qui la trouble. » Cité par Weulersse, t. I, p. 89.

(2) VOLTAIRE, Dict. Philos., éd. 1785, p. 368.

« Les réformes que Voltaire réclame dans les mœurs, les institutions s'inspirent surtout du sentiment de l'humanité. C'est bien ce sentiment qui tient la première place dans son œuvre. » — H. Michel : l'idée de l'Etat, p. 11.

faudrait avoir le double d'industrie ou gagner le double sur l'étranger, ou envoyer la moitié de la nation en Amérique, ou que la moitié de la nation mangeât l'autre » (1). En fait, il existe aux yeux de Voltaire des symptômes avant-coureurs de cette surabondance de population. « Le bois, dit-il, commence à manquer de nos jours presque partout. Notre Europe est si peuplée qu'il est impossible que chacun ait du pain blanc et mange quatre livres de viande par mois. Voilà où nous en sommes. Je ne sais si la terre manque d'hommes, mais certainement elle manque d'hommes heureux » (2). Pour la France, en particulier, Voltaire ne semble pas désirer autre chose que l'état à peu près stationnaire de la population. « Remercions la nature, dit-il, de nous avoir donné l'être dans la zone tempérée, peuplée presque partout d'un nombre plus que suffisant d'habitants qui cultivent tous les arts, et tâchons de ne pas gâter notre bonheur par nos sottises » (3).

II. — LE MARQUIS DE CHASTELLUX

Le marquis de Chastellux, officier de grand mérite et diplomate de talent (1), figure aussi parmi les écrivains les plus distingués du XVIIIᵉ siècle.

---

(1) Nouv. Dict. d'Econ. Polit., t. II, art. Voltaire, p. 1180.
(2) VOLTAIRE, éd. 1785, t. 44, p. 310.
(3) Id, Dict. Philos., éd. 1785, p. 368.
(1) Le marquis de Chastellux se distingua successivement dans les campagnes d'Allemagne et d'Amérique. Il

Cet auteur, remarquable par son éclectisme, d'après Blanqui, est l'un des partisans les plus résolus de la méthode inductive.

Il est de ceux qui ne concluent pas facilement en matière sociale, parce que les bases de la science ne lui paraissent pas assez solides. Comme économiste, c'est un esprit assez indépendant, obéissant à des tendances diverses, imbu des idées de Hume et de Voltaire, se rapprochant des Physiocrates par sa prédilection pour l'agriculture, mais s'éloignant d'eux par la fermeté de son opinion sur la productivité du travail; c'est en somme, comme on l'a dit justement, le type de l'écrivain de transition (1).

Son grand traité de la Félicité publique (1772) contient les idées les plus justes sur la population.

D'après le sous-titre de l'ouvrage : « Considérations sur le sort des hommes dans les différentes époques de l'histoire » on pressent quel intérêt il devait prendre à l'étude de cette question. L'objet de son livre consistait à rechercher par l'examen des faits, si la société est susceptible sinon de perfection du moins d'amélioration. Il s'agit de savoir, suivant l'auteur, « si les hommes sont plus heureux de nos jours que jadis » et de découvrir les indices de la « félicité publique ».

Ayant vu dans le développement de l'instruction et de la liberté des présomptions en faveur du progrès

---

prit une part très active à la négociation du traité de commerce franco-anglais de 1786.

(1) SICOT, Le marquis de Chastellux, thèse, 1901.

accompli « nous avons lieu de penser, disait le marquis, que les hommes sont aussi heureux de nos jours que dans quelque époque de l'histoire qu'on veuille choisir, mais comme la science et la liberté même ne sont bonnes qu'autant qu'elles peuvent concourir au plus grand bonheur du plus grand nombre d'individus, cherchons quelques indices qui servent de mesure à cette félicité publique » (1).

Il y en a deux qui, d'après lui se présentent naturellement : l'agriculture et la population.

Mais entre ces deux facteurs, Chastellux voit une différence.

« Je nomme l'agriculture avant la population, parce que, s'il arrive qu'une nation peu nombreuse cultive avec beaucoup de soins une grande quantité de terres, il en résultera que cette nation consomme beaucoup, et qu'elle ajoute à l'aliment nécessaire à la vie l'aisance et la commodité qui en font le bonheur. Si, au contraire, l'accroissement du peuple est en proportion avec celui de l'agriculture, qu'en peut-on conclure, sinon que cette multiplication de l'espèce humaine, comme celle de toutes les autres espèces, vient uniquement de son bien-être » (2). Ici, l'auteur apparaît comme n'étant point partisan d'une population illimitée.

Quoiqu'il en soit, après avoir établi la supériorité de l'agriculture moderne dont témoignent la diminution

---

(1) CHASTELLUX, La Félicité publique, t. II, p. 120.
(2) Id, La Félicité publique, t. II, p. 120.

des forêts, le changement de température de l'air et le dessèchement d'une plus grande quantité de marars, Chastellux se demande si la population a fait moins de progrès que l'agriculture.

Sur ce point, rencontrant les deux théories opposées de Hume et de Wallace il en fait tour à tour l'examen.

Parmi les explications de Hume qu'il adopte avec le plus d'empressement se trouve cette observation d'après laquelle « la population dans toutes les sociétés policées est dans une espèce de gêne et doit être considérée comme restreinte, de façon que lorsque les contagions ont emporté un grand nombre d'hommes, les générations suivantes en réparent bientôt la perte. Les nations sont alors dans le cas des colonies naissantes où l'on voit ordinairement les peuples se multiplier dans une plus grande proportion que dans la métropole » (1).

Chez Wallace, au contraire, il n'y a que des erreurs, des calculs abstraits sur la propagation possible de l'espèce humaine et les idées les plus fausses sur les causes qui peuvent nuire à la population. Chastellux se range donc du côté de Hume et conclut : « Pour nous, nous pensons que les guerres étant devenues moins fréquentes, le commerce, l'industrie et l'agriculture s'étant étendus et perfectionnés, la terre en général est plus peuplée qu'elle ne l'était autrefois et, que sans parler de quelques endroits privilégiés où l'espèce humaine parait encore se plaire particulièrement, les nations

---

(1) CHASTELLUX, La Félicité publique, t. II, p. 140.

modernes ne sont pas moins nombreuses que les anciennes » (1).

En ce qui concerne la France, le marquis voudrait pouvoir préciser d'avantage à l'aide d'informations certaines, dont il ne peut que déplorer l'absence. Il exprime, à cet égard, des vues originales sur le mauvais état de la statistique et sur le danger qu'elle fait courir à l'observateur superficiel.

« C'est toujours avec beaucoup de défiance, écrit-il qu'il faut examiner ces calculs et en général toutes les autorités sur lesquelles se fondent les auteurs anglais et français. En voici la raison : lorsque toutes les opinions ont été énoncées, si l'on vient à discuter les faits, c'est lorsqu'il s'agit de justifier quelque principe qu'on a déjà établi et alors les objets passent à travers un verre inégal et décoloré qui les change et les dénature » (2).

C'est ainsi qu'en matière de dénombrements, suivant qu'on a voulu louer ou blâmer le gouvernement, abroger d'anciennes lois ou en préconiser de nouvelles « on a dit : la diminution marquée de la population, l'augmentation sensible de la population prouvent, etc... Et, comme la satire et la louange ne sont guère plus exactes l'une que l'autre, l'exagération s'est trouvée également des deux côtés » (3).

(1) CHASTELLUX, La Félicité publique, t. II, p. 155.
(2) Id., La Fél. publ., p. 197.
(3) Id, La Félicité publique, p. 166.

Chastellux se rend compte de ces imperfections et en dégage les raisons dans un passage où il pressent le rôle qu'en cette matière l'Etat pourra jouer en groupant une multitude de documents que lui seul peut réunir. Cette besogne jusqu'ici a été abandonnée à l'activité des particuliers « dont le nombre immense fournit des armes à toutes les opinions. On dispute longtemps, on résoud peu et l'on sait encore moins » (1). Cependant de sérieuses recherches ont été faites, notamment par certains magistrats qui ont profité des fonctions dont ils étaient chargés pour rassembler quelques éléments propres à servir de base à des calculs ultérieurs. On a réuni ces documents, on a comparé les époques et de ce travail il parait résulter, suivant Chastellux, que la population de la France est augmentée depuis cinquante ans d'environ un douzième et qu'on doit la porter maintenant à vingt-un ou vingt-deux millions d'habitants.

Cet accroissement réel de la population est-il un indice certain de force et de félicité publique ?

Chastellux ne veut pas trancher la question d'une manière absolue car « il est un principe plus important, qui est plus connu que suivi dans ce siècle disert, c'est qu'on ne connait bien les vérités qu'en connaissant leurs limites ».

Il est généralement vrai que la population est la preuve de la prospérité d'une nation, parce qu'il est

---

(1) Chastellux, La Fél. publ., t. II, p. 166.

généralement vrai que l'agriculture, le commerce et une bonne législation multiplient le nombre des hommes.

Mais la population n'a-t-elle pas quelquefois « des causes physiques qui peuvent prévaloir sur les causes morales ? » Et la proportion du nombre des hommes à la félicité dont ils jouissent est-elle toujours égale ?

« Les écrivains, dit-il, qui ne s'occupent que de politique sans sortir de leur cabinet ne connaissent pas toutes les ressources de la nature. Tel régime, tel gouvernement qui porteraient la désolation, la dépopulation même dans une nation éclairée est loin de produire le même effet sur un peuple abruti ou avili » (1). Ainsi pénétré de la contingence des phénomènes économiques, le marquis passe à l'examen des faits. Les petits Etats d'Allemagne lui donnent l'exemple de nations sans commerce et sans industrie, gouvernées tyranniquement et dans lesquelles le peuple se multiplie. « Les mariages ne sont pas heureux, mais ils sont communs, les ménages ne sont pas riches mais féconds et l'espèce humaine se soutient toujours » (2). De même, en France, il existe des provinces très misérables (le Berry, le Limousin). « J'avoue que ce ne sont pas les plus peuplées, mais elles sont loin d'être désertes et certainement les hommes s'y trouvent dans une proportion qui excède de beaucoup celle de leur aisance » (3).

---

(1) CHASTELLUX, La Félicité publique, t. II, p. 157.

(2) Id, La Fél. publ., p. 180.

(3) Id, La Félicité publ., p. 182.

De tout cela il résulte que si les subsistances sont en principe la mesure de la population, le rapport entre ces deux termes varie parfois au détriment du bien-être, et Chastellux, qui a toujours en vue le bonheur du plus grand nombre, s'inquiète de savoir comment s'établit l'équilibre entre la population et les moyens de subsistance.

Comme Malthus, il considère que les subsistances peuvent diminuer sans une diminution corrélative de la population. « Avant que la vie des hommes s'abrège, dit le marquis, il faut que la misère ait abattu les forces et multiplié les malades. Lorsqu'elle s'empare d'une contrée, lorsque les subsistances diminuent d'un sixième par exemple, il n'arrive pas qu'un sixième des habitants meurt de faim ou s'exile, mais ces infortunés consomment moins en général, un sixième de moins et ainsi de suite. Malheureusement pour eux la destruction ne suit pas la misère et la nature plus économe que les tyrans sait encore mieux à combien peu de frais les hommes peuvent subsister ».

Aussi bien pour Chatellux, l'indice le plus certain de la félicité publique consiste dans l'élévation « du tarif de la vie humaine ». L'auteur insiste beaucoup sur la nécessité d'augmenter le pouvoir de consommation de l'ouvrier et de réduire la durée de sa journée de travail.

C'est l'exemple du travailleur anglais qu'il a devant les yeux. « Comparez état à état, classe à classe, vous trouverez que la subsistance de l'Anglais est toujours évaluée à un taux plus haut que celle d'un Français ou d'un Allemand. Aussi ce peuple est-il plus robuste et surtout meilleur ouvrier que les autres, car il faut bien se rappeler cette vérité, démontrée par l'expérience, c'est que le haut prix des salaires n'est pas si contraire au commerce que bien des gens se le figurent. La raison en est que l'homme qui consomme le plus est celui qui travaille le mieux » (1).

C'est la pensée que reprenait Malthus lorsqu'il disait que le bonheur dans un pays est en raison de la quantité d'aliments que peut acheter l'ouvrier par une journée de travail (2). Mais où Malthus et Chastellux diffèrent, c'est dans les conclusions à tirer du principe de population.

Loin de croire que le péril prochain soit dans un excès de population, le marquis a une confiance absolue dans l'extensibilité des facultés de production et dans la multiplicité des moyens de subsistance. Le grand objet du gouvernement est bien plus « d'avoir une population heureuse qu'une population nombreuse » mais pour la rendre plus riche, pour que la part de chacun croisse sans cesse, il importe d'assurer la dissémination propice des individus dans tout le territoire. Il faut empêcher que les différences des lois locales n'attirent trop les hommes dans certains endroits pour les repousser dans d'autres. Il faut encourager l'agricul-

---

(1) CHASTELLUX, La Félicité publique, t. II, p. 183.
Chastellux a posé l'un des premiers la question de la limitation des heures de travail.

(2) V. MALTHUS, Essai sur la population, p. 314.

ture en abolissant les privilèges exclusifs, en bannissant l'arbitraire des impositions, en laissant le champ libre à la circulation des produits.

Le développement de l'industrie, l'extension du commerce qui rapproche les individus et suscite les besoins, multiplieront les emplois du sol, et de cette harmonie des forces productives dans une nation qui « fait naître plus de subsistances sans nourrir plus d'habitants » résultera pour le plus grand nombre cette élévation du tarif de la vie humaine, l'indice le plus certain de la félicité publique.

Aujourd'hui que les craintes exprimées par Malthus paraissent chimériques, dans notre pays du moins, il est curieux de rappeler l'opinion du marquis de Chastellux. Son livre, qui s'inspirait de cette pensée : *nil desperandum*, respire l'optimisme le plus réconfortant et la foi la plus profonde dans l'avenir.

III. — LES PHYSIOCRATES
1. — QESNAY

Le père de la Physiocratie, l'illustre Docteur Quesnay, ne nous a pas laissé de théorie générale sur la population. Les idées qu'il a émises relativement à cette question sont éparses dans ses œuvres. La plupart, toutefois, se trouvent réunies dans deux opuscules assez récemment mis au jour : l'article « Hommes », découvert en 1889 à la bibliothèque nationale par M. Bauer (1), et « Les Questions intéressantes sur la population, l'agriculture et le commerce » (2) ajoutées par M. Oncken à la collection générale des œuvres de Quesnay, en 1888.

Un intérêt particulier s'attache à ce dernier ouvrage, parce que nous y voyons l'auteur entrer dans la voie des enquêtes modernes reposant sur l'expérience.

Toutefois, cette méthode ne l'a pas conduit à l'examen vraiment scientifique de la question de la population.

Quesnay se trouvait dominé par des préoccupations d'intérêt national. Ce qu'il envisageait surtout c'était l'organisation du gouvernement économique agricole de la France. Cela explique pourquoi ses vues sur la population tout en se ralliant autour d'un principe fortement établi, manquent parfois dans le détail de cette rigueur qui distingue la construction du fameux « Tableau économique ». On peut aisément relever des passages où semble se trahir l'hésitation de sa pensée et, bien que les connaissances acquises, en cette matière, par Quesnay fussent très étendues, il apparaît bien qu'il n'a pas eu le

---

(1) L'article « Hommes », composé pour l'Encyclopédie en 1757, ne parut point dans ce recueil, dont la publication, interdite la même année, ne fut reprise qu'en 1765. L'article de Quesnay fut remplacé par deux articles : celui de Diderot, « Hommes », et celui de Damilaville, « Population ».

(2) Ce questionnaire, paru dans le courant de l'année 1758, s'adressait particulièrement aux « Académies et autres Société savantes des provinces ».

souci d'en tirer une explication approfondie du problème de la population.

Avant d'exposer les conceptions de Quesnay, relativement aux questions que soulève l'accroissement de la population, les conditions de son développement, les limites qui lui sont assignées par la nature ou par la raison, voyons comment Quesnay se représente et comment il explique l'état démographique de la France de son temps.

Quesnay estime, d'après Dupré de Saint-Maur qu'il y a environ 16 millions d'habitants dans le royaume (12 millions d'adultes et 4 millions d'enfants dont il meurt la moitié avant l'âge de 15 ans). « Cette même population était il y a cent ans, d'environ 24 millions d'hommes : il s'en est trouvé encore par le dénombrement de 1700, 19 millions 500.000. »

Il y a donc eu pendant le règne de Louis XIV, une diminution d'un tiers dans la population du royaume et cette diminution, Quesnay pense avec la plupart de ses contemporains, qu'elle n'a pas été réparée pendant le règne de Louis XV (1).

---

(1) Ce que nous savons du mouvement de la population au xviiie siècle tend à prouver que, vers le milieu du xviiie siècle, non seulement la population n'avait pas diminué, mais tendait à s'accroître, malgré la décadence de l'agriculture et la misère des campagnes. Cet accroissement allait se continuer, dans des proportions assez considérables, dans la deuxième moitié du siècle.

Voir pour les détails, LEVASSEUR, La Population franç., t. I, chap. XII.

La décroissance supposée de la population s'explique aux yeux de Quesnay par des causes nombreuses, provenant en partie de l'ordre moral et surtout des vices de l'organisation sociale et économique.

Au point de vue moral, Quesnay signale l'influence désastreuse exercée sur le mariage et la natalité par cet amour croissant du luxe et des plaisirs qui pousse les propriétaires ruraux vers les villes et les bourgeois et les nobles vers la capitale. « Ainsi les dépenses de décoration qui entraînent d'autres dépenses d'ostentation, et qui sont devenues des dépenses de besoin plutôt que des dépenses de luxe, ne forment-elles pas une espèce de luxe désordonné et destructif ; ce luxe ne porte-t-il pas les citoyens à épargner sur la propagation ou à éviter le mariage, pour soutenir les dépenses forcées ; » (1)

L'emploi des salaires, dit-il, d'autre part « contribue beaucoup à la prospérité ou à la dégradation du royaume, à la régularité ou au dérèglement des mœurs d'une nation et à l'accroissement ou à la diminution de la population » (2).

Beaucoup plus importants sont les effets produits par les facteurs d'ordre social et d'ordre économique.

Parmi les obstacles à l'accroissement de la population, Quesnay relève les conséquences funeste de l'intolérance religieuse et notamment celles de la révocation de l'édit de Nantes. Il paraît accorder trop d'influence

---

(1) QUESNAY, éd. Oncken, p. 302.
(2) Id, éd. Oncken, p. 323.

aux guerres continuelles, et dénonce surtout la guerre ruineuse de la succession à la couronne d'Espagne (1). Les grandes armées sont pour lui une cause d'épuisement des richesses et des hommes, et c'est à cause de la milice que les garçons désertent la campagne et abandonnent le métier paternel, pour éviter de tirer au sort.

Au fond ces institutions sont mauvaises, parce qu'elles aggravent la cause intime et profonde du mal, qui réside dans la décadence agricole et Quesnay s'efforce d'analyser les causes qu'il rend responsables de la « dégradation de la culture ».

Le mérite original de son enquête consiste à mettre en lumière l'effet déplorable qu'exerce la pauvreté en affaiblissant l'ardeur au travail. A ceux qui ont avancé qu' « il faut que les paysans soient pauvres pour les empêcher d'être paresseux » il répond : « Les hommes ne sont point excités au travail quand ils n'ont rien à espérer pour leur fortune ; leur activité est toujours proportionnée à leur succès »; « il n'y a que la propriété et la jouissance assurée de leur gain qui puisse leur donner du courage et de l'activité » (2).

En vertu de ce principe, Quesnay dénonce tous les vices de la politique mercantile qui ont aggravé la misère du peuple des campagne. On a voulu, dit-il, enrichir le pays en or et en argent et pour cela on a cru devoir favoriser l'industrie et le commerce des produits

---

(1) QUESNAY, éd. Oncken, p. 245.

(2) Id, éd. Oncken, p. 354.

manufacturés. Afin de faciliter l'industrie on a tâché de faire baisser le prix des grains, d'où les entraves à l'exportation du blé. D'autre part, la protection accordée aux manufactures a attiré les capitaux vers celle-ci, au détriment de la culture. « On y a employé une multitude d'hommes dans le temps que le royaume se dépeuplait et que les campagnes devenaient désertes » (1). Le prétexte de remédier aux famines en interceptant le commerce des grains entre les provinces a donné lieu à des abus qui ont augmenté la misère. « On a détruit l'agriculture dans certaines provinces et les hommes dans les autres par la famine » (2). Les obstacles mis à l'exportation des grains à l'extérieur ne sont pas moins préjudiciables à l'Etat. « On ruine les laboureurs, on dépeuple les campagnes ». La conduite de l'Angleterre à cet égard, comme celle de la France sous les règnes d'Henri IV et de Louis XIII, prouve qu'il n'y a pas de moyen plus sûr d'entretenir l'abondance et d'obvier aux famines que la vente d'une partie des récoltes à l'étranger.

Cependant ce moyen ne suffit pas pour améliorer la condition des paysans. Il faut encore alléger les charges qui éteignent en eux l'espérance de pouvoir se procurer les moindres commodités de la vie, et réformer des

---

(1) Quesnay, éd. Oncken, p. 193.

(2) Id, p. 271. « N'est-ce pas dans la consommation soutenue et perpétuée par l'aisance du peuple que consiste la prospérité et la force constante d'un royaume, n'est-ce pas en ce sens que François Ier disait que ses sujets lui gardaient ses richesses ? » Ed. Oncken, p. 264.

impôts arbitraires et indéterminés qui font que « l'extrême pauvreté est leur seule ressource pour s'exempter du
déplaisir de la saisie » (1). Le laboureur craint, en effet,
que ses bestiaux et ses moissons exposées dans les plai-
nes ne lui attirent des impositions ruineuses. Il faudrait
le rassurer contre cette inquiétude « si préjudiciable à
l'agriculture qu'on la regarderait malheureusement comme une profession interdite sous peine de la confiscation
et du mépris des citadins » (2). Si la taille proportionnelle et fixe était convenablement réglée, si la milice
épargnait les enfants des fermiers, si les corvées étaient
abolies, beaucoup de propriétaires taillables, réfugiés
dans les villes, sans occupation, retourneraient dans les
campagnes faire valoir paisiblement leur bien. « Ainsi,
en éloignant d'abord toutes les autres causes préjudiciables aux progrès de l'agriculture, les forces du royaume
se répareraient peu à peu par l'augmentation des hommes et par l'accroissement des revenus de l'Etat. » (3).

---

(1) QUESNAY, art. Hommes, p. 90.

(2) Id, éd. Oncken, p. 297.

(3) Id, éd. Oncken, p. 192.
A côté de cette série de causes d'ordre économique, le docteur Quesnay consacre quelques aperçus relatifs aux questions d'hygiène. Au sujet du soin ou de la négligence pour
les enfants, il se demande « si les pères et mères peuvent
pourvoir à leurs besoins et à leur conservation dans la
province. » Quesnay, éd. Oncken, p. 265.
A propos des maladies épidémiques qui désolent certaines paroisses, il en attribue les causes à divers facteurs, la mauvaise alimentation, l'insalubrité du climat,
des vents, des saisons. — Quesnay, éd. Oncken, p. 268.

Telles sont les principales causes, auxquelles il faut attribuer, selon Quesnay, l'état fâcheux de la culture et de la population.

Avant lui on avait dénoncé la « paresse » et le « péruvianisme » des ouvriers agricoles. Pour expliquer l'exode rural on invoquait d'étranges raisons. Certains voyaient une cause de désertion dans l'instruction répandue dans les campagnes (1).

La plupart des auteurs se plaignaient du manque de bras et de l'émigration dans les villes. Quesnay ne méconnaît pas ces faits, mais il en cherche la raison. « Ce n'est pas à la mauvaise volonté des hommes qu'il faut attribuer le mal mais à leur indigence » (2). Si les paysans vont dans les villes chercher de l'ouvrage ou se faire laquais « n'est-ce pas faute de ressources dans le pays, de salaire suffisant, ou l'impossibilité par leur misère de s'occuper pour eux à la culture et se procurer de quoi vivre et s'entretenir ? »

Personne, avant Quesnay, n'avait montré avec autant de force que « tant que les paysans seraient misérables, nous le serions aussi » (3) et l'originalité de son point de vue consistait à fonder sur des raisons économiques le sentiment de pitié qui l'inspirait.

_____

(1) QUESNAY, Tableau écon., note *a* de l'introduc. aux remarques.

(2) QUESNAY, éd. Oncken, p. 267.

(3) WEULERSSE, Le Mouvement Physiocr., t. I, p. 488. Voltaire remercie La Chalotais de proscrire l'étude dans les campagnes : « Moi qui cultive la terre, écrit-il, je vous présente requête pour avoir des manœuvres et non des clercs tonsurés. » Lettre, 28 février 1763.

De tout ce qui précède il résulte que le principal facteur de dépopulation réside dans la diminution des richesses. « Il suffit de connaître, dit Quesnay, le dépérissement des revenus de la nation pour s'assurer de la
diminution de la population, car les royaumes ne sont
peuplés qu'à peu près en raison de leurs richesses. Ce
n'est pas la population qui répare les richesses, ce sont
les richesses qui réparent la population : les hommes
perpétuent les richesses pour accroître la population et
les richesses. » (1)

Ce texte, qui renferme la théorie de Quesnay sur le
principe d'accroissement de la population, semble affirmer simultanément deux thèses opposées, à savoir que
la population dépend des richesses et les richesses de la
population.

En réalité ces deux éléments ne peuvent se développer qu'après l'augmentation préalable des revenus.
« voilà le point essentiel et le plus ignoré ou du moins le
plus négligé en France. L'augmentation des revenus augmentera la population et c'est subséquemment que l'augmentation de la population augmentera les revenus. »

De là, nous pouvons tirer ces deux propositions qui
s'imposent à notre examen.

1° L'accroissement de la population constitue pour la
prospérité de l'Etat un avantage certain.

2° Cet avantage se subordonne à certaines conditions.

L'accroissement de la population est d'une certaine
façon la source même de la richesse. Directement, les

_____

(1) QUESNAY, éd. Oncken, p. 269.

hommes contribuent à enrichir l'Etat en tant qu'ils produisent plus qu'ils ne consomment.

Indirectement il y contribuent en tant qu'ils consomment les productions du territoire et que leur consommation assure le débit et le bon prix de celles-ci. « Les avantages les plus essentiels qui résultent d'une grande population sont les productions et la consommation qui augmentent et font mouvoir les richesses pécuniaires du royaume » (1). Sans le travail des hommes les terres n'ont aucune valeur, d'où il suit que les hommes sont parmi les « biens primitifs » d'un grand Etat.

D'autre part, les terres ne sont des richesses que parce que leurs productions sont nécessaires aux besoins des hommes et que ce sont ces besoins eux-mêmes qui établissent la richesse. Ainsi, plus il y a d'hommes dans un royaume dont le territoire est étendu et fertile, plus il y a de richesses. La dépense de chacun soutient le prix des denrées, anime la culture et la fait progresser. Il s'en faut donc que l'accroissement de la population n'ait pas une influence heureuse sur la production des richesses.

Cependant, cet accroissement n'est avantageux que s'il résulte lui-même d'une augmentation de revenus « l'accroissement de la population n'est une source de richesses que si les hommes ne sont pas employés d'une manière défavorable au revenu » (2). Tout dépend « du bon emploi des hommes » Seuls doivent compter ceux qui produisent plus qu'ils ne consomment et qui four-

---

(1) QUESNAY, éd. Oncken, p. 220.
(2) Id, art. Hommes, p. 2.

nissent un revenu dont l'Etat peut prendre sa part. Ce
sont ceux dont le travail s'exerce avec l'aide d'une « richesse antérieure » C'est ce que veut dire Quesnay lorsqu'il écrit que « les hommes ne peuvent obtenir et per-
pétuer les richesses que par les richesses et qu'autant
qu'il y a une proportion convenable entre les hommes
et les richesses » (1).

Mais que faut-il entendre en définitive par ces revenus dont l'augmentation doit précéder toute augmentation de population ? Ce sont les revenus procurés par le
« débit et le bon prix réunis » (2) c'est-à-dire ceux qui
sont dégagés par la production agricole. « On n'a pas reconnu, dit Quesnay, dans l'emploi des hommes la différence du produit des travaux qui ne rendent que le prix
de la main-d'œuvre d'avec celui des travaux qui paient
la main-d'œuvre et qui procurent des revenus. Dans
cette inattention on a préféré l'industrie à l'agriculture
et le commerce des ouvrages de fabrication au commerce
des denrées du cru » (3).

L'agriculture, voilà le « pied de l'arbre » qu'il s'agit
de cultiver pour accroître les revenus, source unique de
l'aisance, des gains et des salaires qui « attirent les hommes et favorisent la propagation » (4).

En d'autres termes, le problème de la population se
résoud conformément aux principes essentiels de la doctrine physiocratique. Le « tableau économique », grâce

---

(1) QUESNAY, Tableau écon., note à max. 23.
(2) Id, art. Hommes, p. 40.
(3) Id, éd. Oncken, p. 207.
(4) Id, art. Hommes, p. 71.

auquel nous connaissons l'ordre naturel des sociétés doit également nous démontrer l'ordre naturel de la multiplication des hommes.

La formule du « produit net » constitue donc le théorème fondamental dont il nous reste à examiner les principaux corollaire appliqués à l'étude de la population.

Sur ce point, la pensée de Quesnay peut, croyons-nous, se résumer dans deux propositions générales :

La première établissant la nécessité d'obtenir par le développement de l'agriculture le plus grand produit net ;

La seconde précisant les conditions auxquelles doit satisfaire la production agricole pour élever au maximum le produit net.

Voyons d'abord les conséquences de cette idée que, seule, l'agriculture est productive des revenus.

Ce privilège exclusif de l'agriculture tient à ce qu'elle donne un supplément sur la valeur consommée dans le travail agricole, qui est le résultat de la vertu génératrice du sol et qui ne se retrouve pas dans l'industrie dont les produits représentent simplement la valeur des divers éléments, matière première et main-d'œuvre entrés dans leur composition. Ce surplus matériel donné par l'industrie agricole au-delà des frais de production, constitue la richesse, et pour l'augmenter « il faut que les avances faites à la terre soient suffisantes » (1).

---

(1) Quesnay, éd. Oncken, p. 341.

A ce point de vue, tous les travaux qui ne s'exercent pas sur la terre sont « improductifs ». Celà ne veut pas dire que l'industrie et le commerce soient inutiles, mais ils sont incapables de reproduire et de multiplier la richesse, ainsi conçue sous forme de matière utile. Tous les deux présupposent l'existence de la production agricole. L'industrie n'est que la dépense du revenu des terres et le commerce n'est que la vente de l'excédent des produits sur les besoins.

Dans ces conditions, il est facile de voir comment doit se produire normalement le développement de la population. Du moment que l'agriculture florissante produira plus de revenus, l'industrie placée à sa suite ne peut pas manquer de se développer. La « classe stérile », déclare Quesnay, s'étendra toujours à proportion des richesses que la « classe productive » fera naître. « Plus les richesses augmenteront, plus on aura besoin des agents de la classe stérile, dont l'emploi se multipliera toujours en raison des moyens qu'auront de les soudoyer les agents de la classe productive et les propriétaires du produit net de la culture » (1).

Il s'agit donc, avant tout, d'augmenter la production agricole, et celle-ci ne donnera, nous le savons, un produit net un peu élevé que si l'on fait à la terre d'importoutes avances. « Plus les avances sont insuffisantes, moins les hommes et les terres sont profitables à l'Etat. Les colons qui subsistent misérablement d'une culture

---

(1) Quesnay, éd. Oncken, p. 393.

ingrate, ne servent qu'à entretenir infructueusement la population d'une pauvre nation. » (1).

Mais de quoi le montant des avances agricoles dépendra-t-il lui-même ? « C'est par l'ordre de la distribution des dépenses, dit Quesnay, selon qu'elles reviennent ou qu'elles sont soustraites à la classe productive qu'on peut calculer les effets de la bonne ou mauvaise conduite d'une nation ». (2)

L'agriculture subira un préjudice certain si l'on engage à ses dépens des capitaux dans l'industrie.

Mais n'y a-t-il pas une cause plus grave de la diminution des revenus agricoles ? Il ne faut pas oublier que les produits de l'agriculture n'ont leur qualité de richesses que par leur valeur vénale et leur débit, qu'il faut par suite se garder d'entraver.

De là cette double conséquence : D'un côté l'augmentation de la quantité de denrées n'a pas par elle-même une influence heureuse sur la population.

D'un autre côté, c'est l'augmentation de valeur de la production qu'il faut envisager et c'est du maximum de valeur disponible que doit résulter la multiplication la plus avantageuse des hommes.

Inébranlable dans sa croyance aux bienfaits de l'ordre naturel, Quesnay affirme donc que le haut prix des denrées, utile à l'agriculture est également favorable au progrès de la population.

---

(1) Quesnay, éd. Oncken, p. 341.
(2) Id, éd. Oncken, p. 320.

Avant lui, beaucoup d'auteurs avaient soutenu que la population ne pouvait s'accroître qu'autant que l'on produirait une plus grande quantité de subsistances. Pour eux, il suffisait d'obtenir les denrées nécessaires pour la nourriture d'un plus grand nombre d'hommes.

Quesnay reconnaît parfaitement l'utilité de cette fonction de l'agriculture, mais l'accroissement de la population, basé sur ce principe, lui paraît dangereux. « L'abondance avec non-valeur n'est pas richesse » déclare-t-il, mais « l'abondance avec cherté est opulence » (1). Il ne faut pas croire que le bon marché des denrées est profitable au menu peuple ; car le bas prix des denrées fait baisser le salaire des gens du peuple, diminue leur aisance, leur procure moins de travail et d'occupations lucratives et anéantit le revenu de la nation. « Si l'abondance, dit-il, fait tomber les productions en non-valeur, les revenus sont anéantis et comme conséquence la population dépérira. » (2)

Quesnay n'admet pas que l'accroissement de production dans le pays suffise à entraîner par lui-même une augmentation de population. Examinant l'hypothèse d'une nation qui, par la fertilité de son sol et la difficulté des transports, aurait annuellement une surabondance de denrées qu'elle ne pourrait pas vendre aux voisins, il dit que cette nation aurait intérêt d'attirer chez elle des artisans qui consommeraient les denrées du pays et vendraient leur ouvrage à l'étranger.

---

(1) QUESNAY, éd. Oncken, p. 246.
(2) Id, éd. Oncken, p. 334.

Au contraire, lorsque le prix des denrées sera élevé, il déterminéra l'accroissement de la population.

« Le débit et le bon prix réunis produiront de grands revenus et de grands revenus accroîtront la population. ». (1).

C'est qu'en effet, le haut prix des denrées permettra d'augmenter les avances de l'agriculture et par là d'obtenir une quantité plus grande de produit net.

D'autre part, l'augmentation des revenus amènera de plus grandes dépenses et des gains seront offerts à un plus grand nombre d'hommes.

La conviction profonde de Quesnay est qu'il existe entre le prix des céréales et celui de la main-d'œuvre une corrélation nécessaire. Et plus forte sera la hausse du blé, plus grand même sera le bénéfice que le salarié pourra réaliser sur la non-hausse des autres denrées et marchandises.

Ainsi l'enrichissement de la classe foncière augmente la masse des salaires et tend à en faire hausser le taux par suite de la libre concurrence entre les propriétaires, qui se disputeront la main-d'œuvre pour servir leurs entreprises nouvelles. Encore faudrait-il que l'on ne cherche pas à économiser cette main-d'œuvre.

Or, c'est précisément ce que veut Quesnay pour élever au maximum le produit net. Son idéal d'économie rurale comporte l'extension de l'emploi des machines et des améliorations susceptibles de diminuer les frais

---

(1) QUESNAY, art. Hommes, p. 40.

de production. Il considère que les gens de la campagne
« réduits à se procurer leur nourriture par la culture du
blé noir ou de grains de vils prix ne sont d'aucune utilité
pour l'Etat » (1). Cependant, bien qu'il semble résulter
de là, qu'une certaine dépopulation soit nécessaire à
l'accroissement du produit net, la population générale du
pays ne sera pas diminuée. En effet « la culture qui occupe le moins d'hommes procure une plus grande population, parce qu'elle procure des revenus et la subsistance pour une plus grande quantité d'hommes. Ainsi
le Perche, beaucoup plus peuplé que la Beauce, contribue moins que celle-ci à la population du royaume » (2). Si, en même temps que le produit net, le produit brut augmente, ce qui est généralement le cas pour
la grande culture, la population totale de l'Etat s'ac-
croît. Il ne s'agit même pour les campagnes que d'un
dépeuplement relatif, parce que la restauration de l'a-
griculture, conséquence naturelle de l'élargissement des
débouchés, finira par relever le chiffre absolu de la population rurale. Ce que celle-ci aura perdu par les nouveaux procédés d'exploitation lui sera largement rendu
par l'extension du domaine de la culture.

Tout compte fait, la recherche du plus grand produit net aura donc pour résultat d'accroître la population du royaume et la prospérité de l'Etat.

Nous savons de quelle manière il convient, d'après
Quesnay, d'obtenir l'accroissement de la population.

---

(1) QUESNAY, éd. Oncken, p. 235.
(2) Id, art. Hommes, p. 195.

Cet accroissement suivra l'augmentation des revenus. Reste à savoir comment se règlera le mouvement de la population ? Sera-t-il déterminé de telle sorte que toute augmentation de richesse sera compensée par un accroissement spontané du chiffre des habitants ? Existe-t-il des limites à l'accroissement de la population pour qu'elle puisse avoir le plus de bien-être possible ? Faut-il craindre qu'elles ne soient dépassées ?

Quesnay s'est bien rendu compte de l'importance de ces questions. De nombreux passages suffiraient à le prouver. Cependant il est clair qu'il n'a pas pris un grand intérêt à résoudre ces difficultés particulières du problème de la population. « Quesnay, dit M. Landry (1), est avant tout un économiste, dans le sens que ce mot avait jadis, c'est-à-dire un réformateur, exclusivement préoccupé d'une situation particulière, d'améliorations et de résultats pratiques ».

Quoiqu'il en soit, voyons, pour compléter notre exposé, comment l'attention de Quesnay s'est portée sur ces phénomènes relatifs au mouvement de la population dans ses rapports avec la richesse acquise.

A certains endroits, sa conception paraît très arrêtée. Il nous dit que « les royaumes ne sont peuplés qu'à peu près en raison de leurs richesses ; deux cents millions de revenus dans un Etat y entretiennent environ un million d'hommes » (2) et d'autre part, remarque M. Landry (3)

---

(1) V. LANDRY, Revue d'histoire des doctrines économiques et sociales, année 1909, p. 87.

(2) Ed. Oncken, p. 269.

(3) LANDRY, Ibid, p. 59.

« en ce qui concerne la condition des classes laborieuses
il semble exprimer une conception pareille à celle des
partisans de la loi d'airain des salaires. Le salaire
de la journée du manouvrier, d'après lui, s'établit assez
naturellement sur le prix du blé, c'est ordinairement le
vingtième du prix d'un setier. « La propagation des hommes, écrit-il encore, s'étend toujours au-delà des richesses » (1). La population excède toujours les richesses dans
les bons et les mauvais gouvernements parce que la propagation n'a de bornes que celles de la subsistance et
qu'elle tend toujours à passer au-delà ; partout il y a
des hommes dans l'indigence » (2).

On pourrait conclure de là que la population ouvrière,
normalement réduite au minimum d'existence, vit dans
une condition toujours semblable et dans un rapport fixe
avec la richesse. Cette opinion ne s'accorderait guère
avec l'idée de conciliation des divers intérêts sociaux que
le système entier de Quesnay a pour but de réaliser.

En réalité, les circonstances qui favorisent cette tendance à la misère, Quesnay ne les trouve pas réunies
dans les pays d'Europe, puisque c'est en Chine qu'il
examine le phénomène de la surpopulation.

Un tel danger n'est guère à redouter pour la France.
De l'augmentation des revenus résultera, au contraire,
l'augmentation de l'aisance moyenne. Le total des richesses s'élevant par rapport aux besoins, il y aura plus

---

(1) Ed. Oncken, p. 579.
(2) Ibid, p. 635.

d'aisance pour chaque citoyen. En outre, il faut songer au développement du luxe dans les villes et aux économies qu'il entraîne sur la propagagtion.

Il n'est donc pas impossible que les richesses s'accroissent plus rapidement que la population.

Est-ce une chose désirable, suivant Quesnay ?

Sans doute il attache une grande importance à cette idée que l'accroissement de la population étend la consommation et favorise la production, en soutenant le prix et le débit des denrées. Mais, loin d'être absolue, cette opinion comporte bien des réserves.

Les prix ne sont pas influencés d'une manière décisive par le nombre des hommes. « On dit que plus il y a de consommateurs dans un royaume plus ils renchérissent les productions... ce ne sont pas les consommateurs qui manquent, c'est la consommation. » (1)

Il importe peu même, en considérant le profit de l'Etat, que les productions du pays soient consommées chez lui ou qu'elles le soient à l'étranger. « On voit que les ouvriers qui fabriquent chez nous des ouvrages ne nous sont pas plus utiles que les ouvriers des autres nations qui fabriquent les ouvrages qu'elles nous vendent, puisque la consommation des denrées que nous leur vendons, et qui valent leurs ouvrages, est aussi profitable que si cette consommation se faisait chez nous » (2).

---

(1) QUESNAY, éd. Oncken, p. 393.

(2) Id, art. Hommes, p. 114.

Quant à l'organisation militaire de la nation, c'est « l'idée dominante » de la guerre qui fait penser que la force des Etats consiste dans une grande population ; « mais la partie militaire d'une nation ne peut subsister que par la partie contribuable » (1). Pour ne point manquer de bons soldats et de bons matelots, il suffit de les bien payer, et de se procurer amplement les fonds de cette dépense par une riche culture et par un commerce extérieur qui augmente les revenus des biens-fonds » (2). Quesnay avait vu là le secret de la puissance anglaise. Il avait remarqué que la population de l'Angleterre « subvenait à peine à la manœuvre de sa marine » ; et il n'en avait pas moins proclamé sa confiance dans la solidité de l'empire britannique, parce que « la population ne règle pas la force d'un Etat » (3).

Ne semble-t-il pas qu'il envisage la situation de son pays relativement à celle de l'Angleterre quand il demande « si un royaume qui aurait moins de revenus et qui serait plus peuplé, ne serait pas moins puissant et moins dans l'aisance qu'un autre royaume qui serait moins peuplé, et qui aurait plus de revenus » (4).

Le sentiment de Quesnay se traduit clairement et quand il déclare « que le gouvernement doit être moins attentif à l'accroissement de la population qu'à l'ac-

---

(1) Quesnay, Tableau éconm., note à max. 23.
(2) Id, art. Hommes, p. 39.
(3) Id, art. Hommes, p. 21.
(4) Id, éd. Oncken, p. 300.

croissement des richesses », ce que Quesnay veut dire,
c'est que la prospérité de l'Etat est mieux assurée par
une population moindre jouissant d'une aisance moyenne plus élevée.

Il ne faut pas croire du reste que la population d'un
pays soit affranchie de toute limite.

L'homme, en effet, ainsi que tout le reste de la
création, est englobé dans les lois essentielles de l'ordre
naturel, et ce sont les lois physiques de la production
qui commandent toutes les autres. Or, Quesnay conçoit une limite pour la production des richesses et,
par suite, une limite que la population ne peut pas
dépasser. Il établit même à plusieurs reprises des calculs pour indiquer jusqu'où l'on pourrait porter la production agricole de la France (1).

Ce maximum de la production une fois atteint la
population rencontre un obstacle invincible. Quesnay
nous montre, par l'exemple de la Chine, les maux qu'entraîne l'excès de population : « Malgré l'industrie et
la sobriété du peuple, la fertilité des terres, la pauvreté devient extrême et conduit à des actes d'inhu-
manité qui font horreur. » (2).

Afin de prévenir ces funestes effets, quels moyens
convient-il d'employer ? Quesnay réfute l'argument tiré
de l'inégalité de la distribution des biens, parce que,
si les riches sont dans l'abondance, « ils ne peuvent

---

(1) QUESNAY, éd. Oncken, p. 288, 261.

(2) Id, éd. Oncken, p. 634.

jouir de leurs richesses qu'à l'aide des autres hommes qui profitent de leurs dépenses, car les hommes ne peuvent faire de dépenses qu'au profit les uns des autres » (1).

Il ne faut pas davantage compter sur la charité pour améliorer le sort de la classe pauvre, car « ce qui se distribue en aumône est un retranchement dans la distribution des salaires qui font vivre les hommes dénués de biens » (2). Il ne reste, en somme, que deux sortes de ressources. Ou bien encourager l'émigration dans des colonies bien administrées, ou bien établir des lois pareilles à celles des Incas, « qui retardaient le mariage des filles jusqu'à vingt ans et celui des garçons jusqu'à l'âge de vingt-cinq ans ». Cette loi, ajoute-t-il, « ne serait pas moins convenable à la Chine qu'elle l'était au Pérou ». Quant aux pays d'Europe, il n'en est pas question.

L'analyse que nous venons de faire de l'œuvre de Quesnay nous a fait découvrir, à défaut d'une théorie complète du problème de la population, un certain nombre d'idées très importantes, parmi lesquelles nous avons reconnu des éléments essentiels de la doctrine de Malthus.

Sans doute, le but que Quesnay s'était proposé est

_____

(1) QUESNAY, éd. Oncken, p. 535.
(2) V. MALTHUS, Essai sur la Population, 3e éd., p. 350 et suiv. « Donner de l'argent, écrit Malthus, c'est donner un titre sur le fonds commun qui diminuera, ce qui fait hausser le prix des subsistances ou encourage à persister dans sa consommation habituelle au lieu de la réduire. »

essentiellement pratique. Ce qui le préoccupe surtout, c'est le souci de provoquer des réformes. C'est son désir de travailler au rétablissement des finances publiques qui l'avait amené à considérer l'agriculture comme la source unique des richesses, et à développer sur cette base tout son programme économique. Ce n'est que progressivement d'ailleurs que la doctrine physiocratique prit un caractère scientifique et philosophique. « Les théories du droit naturel, dit M. Truchy, ne sont chez le fondateur de l'Ecole physiocratique qu'une sorte de décor, la marque de l'esprit du siècle, et comme un hommage aux influences du milieu intellectuel. Elles n'expriment pas la substance intime de sa pensée ; elles ne sont pas la source où s'est alimentée sa doctrine » (1). Mais c'est principalement dans les premiers écrits que composa Quesnay que son esprit systématique s'est développé avec le moins de rigueur.

L'article *Hommes* (1757), l'article *Grains* (1757), l'article *Fermiers* (1756) et l'article *Impôts* (1757), sont remplis d'observations judicieuses et de connaissances pratiques.

On y trouve déjà posé nettement le principe essentiel de la théorie moderne de la population : l'idée de la dépendance de l'individu vis-à-vis du milieu externe. La richesse consiste dans la facilité de vivre et dépend

---

(1) TRUCHY, Revue d'Economie politique, année 1899, p. 927.

moins des formes du gouvernement que de l'observation des lois de la nature. Le revenu doit précéder la population, mais la population ne doit pas diminuer le revenu.

Plus tard, Quesnay, dominé par la méthode déductive et par la conception d'un ordre naturel, conçoit le type idéal, absolu de la société économique. L'intérêt personnel, la propriété individuelle, la liberté, la concurrence et l'inégalité sont autant de principes de cet ordre social immuable, indépendant de la volonté humaine qui doit se borner à le connaître et à l'appliquer.

Or, c'est dans un milieu semblable que Malthus va dérouler les effets de sa terrible loi de la population, après avoir déclaré que « le principe de la propriété privée est établi pour toujours. » (1). A la revendication du droit à la vie s'oppose l'intérêt de la production. L'homme doit produire au delà de la valeur de son salaire et, pour ne pas affaiblir le ressort de son activité, il ne faut pas émousser en lui « l'aiguillon de la nécessité ». Par bien des côtés, Malthus se rattache à la Physiocratie, mais à quelle distance ses conclusions se trouvent-elles relativement à celles de Quesnay ?

En réalité, la pensée de ces deux auteurs se meut dans un plan tout différent. « Pour Malthus, écrit M. Denis, l'homme, en obéissant aux instincts de sa na-

---

(1) MALTHUS, Essai sur la population, p. 408.

ture, ne serait qu'un artisan de désordre et de ruine et pour qu'il réalise effectivement à la fois le bonheur social et le bonheur individuel, il faut qu'il réagisse contre les instincts de sa nature, guidé par la raison. » (1).

Pour Quesnay, au contraire, l'intérêt éclairé par la lumière de l'ordre naturel guide l'homme vers la réalisation de l'ordre social, harmonieusement préétabli en vue du bien de l'individu et de l'espèce humaine.

Soupçonner ce monde de manquer d'équilibre serait offenser le Créateur qui nous a donné la raison pour connaître l'ordre, dont nous devons attendre le bien-être et le bonheur. Une communauté naturelle d'intérêts entre les diverses classes de la nation était la conclusion de ce système, mais cette harmonie impliquait aussi une solidarité morale.

Le droit naturel comporte « des droits et des devoirs ».

Le droit de propriété est revêtu d'une fonction sociale et le propriétaire doit se rendre digne de son état en accomplissant « ses devoirs agricoles ». Il doit gouverner ses biens, améliorer la culture et, dispensateur du produit net, il doit veiller à la distribution utile du revenu.

Par suite, l'inégalité naturelle est corrigée par ce fait qu'il existe une connexité inviolable entre l'intérêt du riche et l'intérêt du pauvre; « la dépense du revenu.

---

(1) DENIS, Hist. des systèmes écon. et social., t. II, p. 80.

obligatoire pour le maître, constitue le patrimoine de ceux qui subsistent par le salaire de leur travail » (1).

Si Quesnay s'accommode aisément de l'inégalité qu'engendre la propriété, c'est qu'en assurant le plus grand produit net, elle assure aussi la communication des biens et la distribution des richesses la plus avantageuse.

Cette conception abstraite était l'expression d'une règle invariable devant laquelle devait fléchir la considération des faits. « L'histoire apparaissait comme le récit des déviations de l'humanité autour du type absolu de l'Ecole » (2). Cela explique pourquoi Quesnay attache peu d'importance à l'exemple que lui donne la Chine.

Il y constate la réalité d'un défaut d'équilibre entre la population et ses moyens de subsistances, dans un pays où l'agriculture est florissante et l'organisation politique admirable.

Il songe même aux remèdes qu'il faudrait apporter à cette surpopulation qui fait la faiblesse de la Chine et y engendre des crimes, mais sa confiance n'en reste pas moins inébranlable dans les bienfaits de sa formule de bonheur universel.

Toutefois, il faut bien reconnaître que cet optimisme correspondait à des conditions économiques très différentes de celles dont surgit plus tard le pessimisme de Malthus.

---

(1) QUESNAY, art. Impôts, p. 144.
(2) DENIS, op. cit., p. 64.

Celui-ci se trouvait en face des misères affreuses engendrées par le développement du régime industriel et la cherté des céréales.

A l'époque de Quesnay, les progrès de l'économie rurale et l'application des procédés de l'industrie à la grande culture offraient une brillante perspective de développement agricole. Quesnay voyait la possibilité de doubler l'étendue des terres cultivées et de porter la production totale à plus de quatre milliards, alors qu'elle n'était actuellement que de deux milliards.

L'hypothèse d'un monde déjà possédé et d'un pays entièrement cultivé ne pouvait donc dominer dans l'esprit de Quesnay la préoccupation pratique de relever de sa « dégradation » l'état agricole de la France.

2. — LE MARQUIS DE MIRABEAU[1]

De tous les économistes du XVIIIe siècle, dont l'attention s'est portée sur la question de la population, le marquis de Mirabeau, père du grand tribun de la Constituante, est à coup sûr l'un des plus originaux et des plus intéressants. C'est une singulière figure que celle de ce grand seigneur philanthrope, sorte de tête de Janus, présentant, comme on l'a dit : « deux visages tournés, l'un vers l'aurore déjà naissante des temps nouveaux, l'autre au contraire vers un passé caduc. » (1).

---

(1) V. Nouveau Dictionn. d'Econ. Polit., t. II, art. Mirabeau.

V. RIPERT, Le Marquis de Mirabeau, thèse, Paris 1901.

V. BROCARD, Le Marquis de Mirabeau, Paris, 1902.

Les tendances les plus diverses, en effet, se rencontrent dans sa vie et son caractère, comme dans ses travaux.

Mais l'une des matières où la transformation de son esprit s'est manifestée avec le plus d'éclat, c'est précisément la question de la population. A cet égard, il y eut dans sa pensée une véritable conversion, qui le fit renoncer à ses propres doctrines, à sa réputation de maître, pour devenir, à l'âge de 42 ans, le disciple de Quesnay et l'apôtre de la doctrine physiocratique.

Il y a donc à faire deux parts dans l'œuvre de Mirabeau : l'une comprend ce que le marquis apporte de son propre fonds et correspond à la première moitié de sa vie ; l'autre comprend les ouvrages de propagande qu'il écrivit en faveur des principes nouveaux de la science économique, à laquelle il se consacra jusqu'à la fin de sa vie, avec un dévouement et une confiance que rien ne put ébranler.

L'évolution des idées de Mirabeau, en ce qui concerne la population, se trouve marquée de la façon la plus nette dans deux de ses ouvrages les plus remarquables.

D'une part, c'est l'*Ami des Hommes ou Traité de la Population*, vraisemblablement paru en 1757, l'année même de la conversion de Mirabeau, et qui fut le point de départ de sa grande célébrité. Et d'autre part, c'est la *Philosophie rurale*, publiée en 1763, que Grimm désignait sous le nom de Pentateuque de la secte et qui contient en réalité l'un des meilleurs exposés de la science nouvelle.

Toutefois, malgré le désaveu dont il fut en quelque

sorte l'objet de la part de son auteur, c'est l'*Ami des Hommes* qu'il convient dé placer au premier rang, et qui doit retenir particulièrement notre attention. Cet ouvrage obtint, en effet, de son temps, une popularité unique en son genre. Il contribua plus que tous les autres livres publiés avant lui à mettre à la mode la question de la population. L'impression produite sur les contemporains par l'*Ami des Hommes* fut vraiment extraordinaire. « On se disputait le portrait de l'auteur ; on se pressait pour le voir aux messes où il assistait, on y payait les chaises jusqu'à 12 sous. Le Dauphin prétendait savoir le livre par cœur et l'appelait le livre des honnêtes gens. Son titre servait d'enseigne aux boutiques. De 1757 à 1760, les libraires publièrent vingt éditions des œuvres du marquis et avouèrent un bénéfice de 80.000 livres » (1).

Il est à présumer que l'*Ami des Hommes* répondait à des besoins et à des sentiments vivement ressentis au moment de son apparition. On devait apprécier surtout ses idées de fière indépendance vis-à-vis de l'autorité royale et ses tendance humanitaires dont l'expression se retrouve jusque dans le titre de l'ouvrage. Il avait trouvé dans ce sens des accents vraiment touchants. « Les larmes me viennent aux yeux quand je songe à cette intéressante portion de l'humanité, ou quand de ma fenêtre comme d'un trône, je considère toutes les obligations que nous leur avons, quand je

---

(1) Brocard, Le Marquis de Mirabeau, p. 4.

les vois suer sous le faix et que, me tâtant ensuite, je me souviens que je suis de la même pâte qu'eux. »

Cette préoccupation essentielle d'assurer le bien-être de tous les membres de la société nous explique ce qu'il y a d'énigmatique dans le titre de l'ouvrage. On croit, d'après le sous-titre, se trouver en présence d'une étude spéciale sur la population et l'on est surpris de voir l'auteur embrasser la question sociale dans toute son étendue et traiter longuement des questions diverses d'économie politique.

Il n'en est pas moins vrai que ce livre avait principalement pour but le relèvement de la population et qu'il contient une foule d'aperçus originaux dont l'examen constitue l'un des objets les plus intéressants de notre étude.

Il est bien difficile de trouver un plan dans cet ouvrage, auquel on a reproché beaucoup de négligence dans le style et un grand désordre dans la composition.

Aussi bien, pour l'analyse de ses idées sur la population, il pourra nous suffire, en suivant un ordre logique, de voir en premier lieu comment Mirabeau s'explique l'importance de la population et ses conditions de développement. Ensuite, après avoir constaté qu'il admet l'hypothèse courante du dépeuplement, nous verrons quèlles sont les causes générales auxquelles il attribue ce phénomène déplorable et la solution qu'il préconise pour en supprimer les funestes conséquences.

Au début de son Avertissement, Mirabeau, s'illusionnant un peu sur la nouveauté de ses recherches, ne doutait pas, du moins, de leur importance. « J'entreprends de traiter le plus utile et le plus intéressant de tous les objets d'ici-bas pour l'humanité, la population. » (1).

Cette utilité de la population est pour lui d'une telle évidence qu'il juge superflu d'en faire la démonstration.

Cette question : « La population est-elle utile ou non ? » lui semble l'équivalent de celle-ci : « Le soleil éclaire-t-il ou non ? ».

Aussi, n'est-ce qu'incidemment qu'il fait connaître les raisons pour lesquelles il attache tant d'importance au développement de la population. Sur ce point, la pensée de Mirabeau procède d'un mouvement d'idées émises avant lui.

« J'avais, écrira-t-il plus tard, pris mes premières et uniques notions dans l'*Essai sur la nature du commerce*, de M. Cantillon. Comme lui et tant d'autres, j'avais raisonné ainsi : les richesses sont les fruits de la terre à l'usage de l'homme ; le travail de l'homme a seul le don de les multiplier ; ainsi, plus il y aura d'hommes, plus il y aura de travail ; plus il y aura de travail, plus il y aura de richesses » (2).

Ainsi, la proposition fondamentale sur laquelle repose la théorie de Mirabeau c'est que le bien-être réside surtout dans une entière harmonie entre les besoins et les moyens de les satisfaire. « La richesse consiste

---

(1) MIRABEAU, L'Ami des Hommes.- Avertissement.

(2) Id, Lettre à Rousseau, 30 juillet 1767.

dans l'abondance par rapport aux besoins » (1). D'où peut résulter cette abondance ? Elle est produite par la terre fécondée par le travail, mais dans cette coopération, le travail a un rôle prépondérant. « Tant vaut l'homme, disait-il avec le proverbe, tant vaut la terre. Si l'homme est nul, la terre l'est aussi ; avec des hommes, on double la terre qu'on possède, on en défriche, on en acquiert. Dieu seul a su tirer de la terre un homme ; en tout temps et en tous lieux, on a su, avec des hommes, avoir de la terre, ou du moins le produit, ce qui revient au même. Il s'en suit de là que le premier des biens, c'est d'avoir des hommes, et le second de la terre » (2).

Non seulement il ne croit pas au rendement non proportionnel du travail, mais il considère comme possible le rendement plus que proportionnel (3).

Mirabeau était amené par là à faire une place à part au travail humain appliqué à l'agriculture, et à voir dans l'accroissement de la population rurale la cause du progrès agricole.

Sans doute, on ne trouvait pas chez lui cette distinction entre les travaux productifs et les travaux improductifs qui, introduite par les Physiocrates, devait faire pendant longtemps la base de la science économique. Toutes les classes sociales contribuent pour lui également-

(1) MIRABEAU, Ami des H., p. 7, 10.

(2) Id, Ami des H., p. 10.

(3) Id, Ami des H., p. 31.

ment à l'utilité de la société et sont dignes de la même estime.

Mais il accordait cependant à l'agriculture une importance prépondérante parce que d'elle dépendent toutes les autres industries et la subsistance de tous. Cette solidarité qui existe entre les différentes branches de l'industrie humaine, Mirabeau la caractérise dans un passage justement célèbre où il montre que la vie économique est essentiellement spontanée comme l'absorption et la nutrition des plantes. « L'Etat est un arbre; les racines sont l'agriculture, le tronc est la population, les branches sont l'industrie, les feuilles sont le commerce et les arts. » (1). Cette formule, dit M. Brocard, contient la loi de développement des forces productives d'un pays (2). De même qu'un arbre ne peut vivre et porter des branches vigoureuses sans avoir de fortes racines et un tronc solide, de même un pays ne peut jouir d'une grande prospérité économique sans une agriculture largement développée et une population abondante.

Il résulte de là que la population est une richesse pour tout le monde. « Où il y a plus de gens obligés de vivre de leur travail, les services de nécessité respective pour tous les hommes sont à meilleur marché. » (3). « La racine bien entretenue fournira des colonies nombreuses et surabondantes à toutes les au-

(1) MIRABEAU, Ami des H., p. 45.

(2) BROCARD, op. cit., p. 32.

(3) MIRABEAU, Ami des H., p. 105.

tres parties du travail ; il suffit que la population presse le génie français et le force à chercher des moyens de subsister » (1).

Ne voyons-nous pas apparaître ici le rôle civilisateur de cet aiguillon de la nécessité que Malthus reconnaît comme un instrument de la Providence ?

Cause de progrès économique et de bien-être social, la densité de la population est pour l'Etat une condition de force et de richesse. « Pour que l'Etat soit en mesure de se faire respecter, s'il s'agit du territoire exclusif, il suffit de discipliner les habitants des frontières tellement peuplées que les Tartares n'y sauraient pénétrer » (2). Quant au territoire commun, la mer, une forte population de marins y maintiendra la police et la liberté générale.

Par suite de l'accroissement de sa force, l'Etat verra ses revenus s'augmenter, les services étant payés moins chers et les impôts procurant un rendement supérieur.

Quoi qu'il en soit de tous ces avantages économiques, politiques et fiscaux d'une population nombreuse, Mirabeau ne fait, jusqu'ici, que répéter les arguments d'une doctrine assez répandue.

Cependant, dès le chapitre 2 de son ouvrage, il arrive, en recherchant les conditions du développement de la population, à poser nettement la formule de la loi statique de la population, dont Malthus fera dé-

(1) Mirabeau, Ami des H., p. 450.
(2) Id, Ami des H., p. 456.

couler plus tard toute sa doctrine. Mirabeau va démontrer que la mesure des subsistances est celle de la
population. Il voit très bien que la multiplication d'une
espèce ne dépend pas de sa fécondité. « S'il en était
ainsi, certainement il y aurait dans le monde cent fois
plus de loups que de moutons, et pourtant la terre est
couverte de la race des derniers tandis que celle des
autres est très rare. Pourquoi cela ? C'est que l'herbe
est fort courte pour les loups et très étendue pour les
moutons » (1). Et le marquis ajoute : « Les sauvages
d'Amérique, qui ne vivent que de la pêche et de la
chasse, sont réduits à la condition et presque à la
population des loups. »

Le principe dont il faut partir pour calculer juste
sur la population, c'est que tout germe se dessèche et
meurt si les sucs alimentaires qui lui sont propres ne
fournissent à sa subsistance. « Dieu créa tous les ger-
mes et leur donna la faculté de se multiplier, mais il
les rendit tous dépendants des moyens de subsistance » (2). Il s'agit là, du reste, d'une vérité physique, d'un axiome que l'auteur n'a pas inventé.
« Les hommes multiplient comme les rats dans une
grange » (3).

Ainsi, pour Mirabeau, comme pour Malthus, la population avait une tendance naturelle à s'accroître, mais

---

(1) MIRABEAU, Ami des H., p. 15.

(2) Id, Ami des Hommes, p. 12.

(3). Id, Ami des hom., p. 18.

cet accroissement se trouvait nécessairement limité par le niveau des subsistances.

Partant de là, Mirabeau considérait le développement de la population comme lié à celui de l'agriculture. Il établissait l'indissolubilité des deux termes et la réaction nécessaire de l'un sur l'autre. Le marquis ne méritait donc pas, semble-t-il, le reproche que devait lui faire, plus tard, Quesnay d'avoir mis la charrue avant les bœufs, en faisant passer la population avant l'agriculture.

Quoi qu'il en soit, Mirabeau, parti d'un point de départ analogue à celui de Malthus, se sépare de lui sur le point essentiel. Pénétré d'une foi invincible dans la puissance productive de la terre, il ne songe pas aux obstacles naturels, qui peuvent empêcher les subsistances de se développer, et par suite, loin de songer à restreindre la population, il ne pensait qu'aux moyens de l'encourager, car elle était pour lui une source nouvelle de richesses en suscitant de nouveaux progrès de l'agriculture.

Aussi bien, la préoccupation dominante du marquis de Mirabeau consistait à rechercher les causes qui s'opposaient, d'après lui, au développement de l'espèce, et à déterminer les moyens d'entraver la dégénérescence de la population.

Cette dégénérescence était-elle réelle, à l'époque où paraissait l'*Ami des Hommes* ? Pour nous, la question est résolue dans le sens de la négative. Mais le marquis, sur la foi de ses devanciers, se ralliait complètement à l'hypothèse du dépeuplement et, sur ce point, son

livre ne contient presque aucune information précise
sur l'état de la France. Adoptant pour la totalité probable de la population française le chiffre erroné de
dix-huit millions, il affirmait sans hésiter : « nous ten-
dons vers la dépopulation » (1), et repoussait la conclusion inverse du « judicieux David-Hume » sur l'augmentation constante de la population.

Le cri d'alarme que poussait le marquis n'en était
pas moins justifié par une tendance réelle à la désertion
des campagnes, provoquée par l'état d'abandon et de
délabrement dans lequel se trouvait l'agriculture. Mirabeau pouvait s'égarer sur la statistique, mais il ne
se trompait pas sur les causes du mal, qu'il était amené
naturellement à trouver dans la diminution des moyens
de subsistance et dans la décadence de l'industrie agricole.

La supériorité du coup d'œil et le grand mérite de
Mirabeau consistait d'abord à rejeter toutes les causes
secondaires et souvent inexactes, comme le célibat ecclésiastique (2), les épidémies, les guerres, les armées

---

(1) L'Ami des hom., p. 209.

(2) Mirabeau insistait sur ce point qui lui tenait à cœur :
les effets du célibat ecclésiastique avaient été exagérés
par les écrivains protestants, qui avaient cherché à en
faire une des principales causes de la dépopulation. Mirabeau, sans méconnaître les abus introduits dans les monas-
tères qu'il voudrait réformer, prétendait au contraire démontrer que non seulement le monachisme ne nuit pas à
la population, mais encore qu'il tend à son accroissement,
car les moines, habitués à vivre en commun d'une quantité de subsistances relativement faible, laissent par là

permanentes, dont les effets restrictifs n'ont pas une grande portée, et qui sont même des « racines de la population » (1).

Le marquis faisait, d'autre part, dans l'analyse des véritables causes de la dépopulation, une très large part aux facteurs moraux.

« C'est avant tout un moraliste, dit M. Brocard, qui étudie les usages de son temps dans leurs conséquences sociales et économiques. Son œuvre est dominée par cette idée que les mœurs sont la cause dernière de la prospérité et de la décadence d'un pays, qu'en elles résident l'explication de la plupart des phénomènes sociaux et le secret de toute réforme sociale durable et profonde » (2). Cela posé, quelles sont les raisons décisives de la dépopulation ?

On peut les diviser en deux groupes :

1° Les causes morales affectant la famille et les relations sociales, et principalement les désordres qu'entraîne l'amour du luxe.

2° Les causes économiques et sociales qui s'opposent aux progrès de l'agriculture.

Le principe de morale sociale sur lequel Mirabeau faisait reposer ses spéculations sur les mœurs et sa critique du luxe, c'était qu'il existe dans la nature de

---

même de la marge à la population laïque. Les moines, disait-il, ont de plus contribué au peuplement par l'instruction qu'ils ont répandue et par les défrichements des terres, qui, sans eux, seraient restées incultes. — Voir RIPERT, Le Marquis de Mirabeau, p. 166.

(1) L'Ami des hom., p. 20.

(2) BROCARD, op. cit., p. 82.

l'homme deux principes opposés, la sociabilité et la cupidité, qui portent avec eux : celui-ci tous les vices, celui-là toutes les vertus. La cupidité, disait-il, n'est jamais riche de ce qu'elle possède et toujours pauvre de ce qu'elle désire. Elle délaisse les biens naturels pour la fausse richesse, l'argent, le superflu, et l'esprit de spéculation étouffant l'esprit de sociabilité, conduit à la dissolution de la société. « C'est quand on a donné la prééminence à l'or, qu'on a entendu des plaintes contre l'usage du célibat volontaire et qu'on a édicté des lois vaines pour réhabiliter le mariage » (1). « Le luxe, écrit-il encore, est dépopulateur et démoralisateur; c'est le symptôme de la dégénérescence de l'intérêt particulier en une passion exclusive pour l'or et ses jouissances » (2).

C'est qu'en effet, pour Mirabeau, le luxe s'entend de deux façons. Au point de vue des besoins, il entendait pas là les besoins factices, les besoins superflus et inutiles, que l'homme se crée, et qui viennent compliquer sa vie au détriment général de la société. Au point de vue des dépenses, le luxe était pour lui synonyme de consommations déraisonnables, hors de proportion avec la situation de chaque personne. Ce n'est pas à dire qu'il soit un ennemi des arts, encore moins de l'aisance. Il veut que le paysan soit riche « afin qu'il élève beaucoup d'enfants, au lieu que ceux du pauvre dessèchent et rentrent dans la terre » (3).

---

(1) L'Ami des Hom., p. 266.
(2) Id, p. 314.
(3) Id, p. 65.

Mais il ne fait pas grâce aux raffinements sensuels
et coûteux et au goût croissant des « babioles ». Ces
usages dispendieux ont corrompu les mœurs : « ce qu'on
a le plus perdu, c'est l'économie et la sobriété, ce qui
eût été folie devient usage » (1).

Parmi les effets déplorables de cet affaissement moral, Mirabeau signale l'influence désastreuse qu'il exerce
comme facteur de dépopulation. La verve originale de
l'auteur dépeint en termes énergiques les effets de la
prévoyance excessive, ce qu'on appelle, aujourd'hui,
« la peur de l'enfant » et le phénomène de capillarité
sociale. « Nous l'avons dit, le plus ultra est la devise
de l'homme, ses désirs se déplacent au physique ainsi
qu'au moral; ce désir universel tend à faire perdre à
l'Etat la forme de pyramide pour prendre celle de
cône renversé » (2). Il critique l'ambition générale que
« chacun a en France de faire son fils noble et inutile
à tout bien dans un pays où il ne reste de débouché à
la noblesse que de sous-entendre les neuf-dixièmes de
ses enfants pour qu'il reste au fils unique de quoi vivre
selon ce que la vanité du père appelle son état » (3).

C'est surtout dans la classe riche que sévit le mal,
mais il faut craindre son extension, favorisée d'ailleurs

---

(1) L'Ami des hom., p. 158. « On annonce une fille ; nous
aurons un garçon une autre fois, dit la vieille mère. »
— Oh ! pour celui-là, je vous demande excuse, répond
l'accouchée ; le métier n'en vaut rien et je ne suis pas
d'humeur à me sacrifier pour ma postérité ». Ibid, p. 180.

(2) Ibid, p. 455.

(3) Ibid, p. 313.

par la littérature « nos écrits peignent les mœurs et ils les font ; la jeunesse y puise le poison d'une indigne volupté. » (1).

L'exemple de ce qui se passe en France à l'heure actuelle confirme ces observations du marquis. Le temps n'a que trop justifié sa crainte de voir se répandre cet esprit de prudence qu'il considérait comme particulièrement dangereux pour la France et que Malthus appellera plus tard de tous ses vœux.

Cependant c'est d'une autre manière encore que le luxe peut nuire à la population.

Partant de l'idée que l'accroissement des subsistances est la condition de l'accroissement de la population, Mirabeau ne songe qu'à une chose, augmenter ces subsistances par la restriction de la consommation des classes aisées et la participation d'un plus grand nombre d'habitants à la masse totale des produits. C'est pourquoi le supplément de consommations, correspondant aux besoins factices, aura pour effet, en restreignant, au profit d'un petit nombre, la consommation de la masse, de « sécher dans la racine le germe de nouveaux citoyens ». Il en arrive à considérer « les consommations en superfluité comme un crime contre la société, qui tient à l'homicide » (2).

Le marquis de Mirabeau attache d'ailleurs une influence aussi considérable à ce qui est pour lui la deu-

---

(1) L'Ami des .h., p. 226.
(2) Ibid, p. 245.

xième série de causes de la dépopulation, la décadence de l'agriculture.

Le Marquis constate l'état d'abandon dans lequel se trouve cet art si utile à l'humanité ; il constate l'insuffisance des procédés de culture, le dédain du gouvernement qui ne s'occupe que de favoriser le commerce et l'industrie. Il s'en afflige d'autant plus que la France est, d'après lui, le pays le plus favorisé du monde en ce qui concerne l'agriculture et il s'efforce d'analyser les causes qui s'opposent aux progrès de la production agricole.

Une des premières causes se trouve dans les grosses fortunes et les grands domaines, qui étouffent les petits propriétaires et diminuent la fertilité des terres : « Les gros brochets dépeuplent les étangs, dit Mirabeau, les grands propriétaires étouffent les petits ». Et il ajoute : « Quelle différence cependant de la fertilité d'un petit domaine, qui fournit à la subsistance d'une famille laborieuse, à celle de ces vastes campagnes livrées à des fermiers passagers ou à des agents paresseux ou intéressés, chargés de contribuer au luxe de leur maître, plongés dans la présomptueuse ignorance des villes.» (1).

En se prononçant ainsi pour la division des terres et pour la petite propriété, Mirabeau se plaçait au point de vue du produit brut, et pensait que les petites exploitations, en intéressant plus directement le propriétaire au résultat de l'entreprise, devait augmenter la produc-

(1) L'Ami des Hommes, p. 45.

tion totale de chaque domaine et par suite de tout le territoire.

Le marquis voyait d'autres obstacles à une population nombreuse dans le mauvais régime commercial et administratif. Au point de vue de la culture des grains, il dénonçait l'indiscrète sollicitude avec laquelle le gouvernement, croyant assurer l'approvisionnement public interdisait l'exportation des grains, non seulement en dehors du territoire national, mais même hors de chaque province. Il estimait, avec raison, que de pareils procédés, en enlevant ses débouchés à l'agriculture, était le plus sûr moyen de l'amener à sa ruine et d'entraîner par là la disette générale.

Au point de vue de l'impôt, il condamnait la taille personnelle, dans laquelle la cote de chacun était grossie chaque année à raison des améliorations qu'il avait fait subir à son champ. Il la considérait comme incompatible avec tout progrès dans la culture et décourageante pour l'esprit d'initiative des propriétaires (1).

Passant aux causes sociales de la décadence agricole, Mirabeau voyait dans le prodigieux gonflement des villes une cause d'engourdissement des progrès de l'agriculture. Mais il s'appliquait à découvrir les raisons de ce phénomène dans la misère du peuple des campagnes et dans la conduite des propriétaires fonciers.

« Ne reprochons rien aux misérables, dit-il, on se plaint que personne ne veut demeurer dans son état ;

---

(1) L'Ami des hom., p. 51.

c'est que personne ne veut vivre dans l'abjection ou ne s'y tient que par nécessité » (1).

Par contre, il dénonçait avec vigueur les conséquences de l'absentéisme des propriétaires. Cette fâcheuse habitude de résider dans la capitale privait l'agriculture de direction et de capitaux et supprimait de plus en plus la confiance et l'estime réciproque.

Mirabeau signalait comme dernière cause cet effet du luxe, qui se traduisait par la transformation des champs cultivés en propriétés d'agrément et en territoires de chasse ; il dénonçait l'abus des parcs, des allées et contre-allées dans les grands domaines, la plantation d'arbres de luxe, qui venaient y remplacer les arbres et les plantes utiles.

Le marquis s'inspirait à cet égard de la doctrine de Cantillon, « le plus habile homme sur ces matières qui ait paru. » « Le nombre des habitants dans un Etat dépend des moyens de subsister et comme les moyens de subsister dépendent de l'application et de l'usage qu'on fait de la terre et que ces usages dépendent principalement des volontés, des goûts et des façons de vivre des propriétaires, il est clair que la multiplication ou la décroissance des peuples dépendent d'eux » (2).

Ce tableau affligeant, que révélait au marquis l'observation de la société de son temps, devait, on le comprend sans peine, susciter dans son esprit des préoccupations

---

(1) L'Ami des Hommes, p. 78.

(2) Ibid, p. 94.

réformatrices. Les choses eussent-elles été « au point de perfection » qu'il aurait fallu, d'après lui, « penser à ne pas dégénérer » (1). La décadence est possible, car la prospérité des Etats, qui jette dans l'excès et le raffinement, annonce leur putréfaction « l'inquiétude inhérente à la nature humaine nous fait chercher le mieux et la recherche du mieux nous pousse au-delà du bien » (2).

Partant de cette opinion, danslaquelle on retrouve encore la pensée de Cantillon, Mirabeau, toutefois, se défend d'apporter des plans de réformation, « je ne suis dans le principe que populateur, mais la population est soumise aux arrangements du gouvernement » (3).

Le marquis ne se montre pas du tout hostile à l'intervention du gouvernement, comme il le sera plus tard, quand, devenu physiocrate, il croira à l'existence d'un ordre naturel des choses, dont il ne faut qu'assurer le libre jeu. Mais, n'oublions pas que, dans sa pensée, le mal vient surtout de causes sociales et morales; et par suite les remèdes qu'il va préconiser seront surtout des remèdes moraux. « Mon objet, dit-il, n'est pas de faire un traité de morale, mais les mœurs ont infiniment plus d'importance dans la société que les lois. Les mœurs doivent être le principal point de vue d'un populateur » (4).

---

(1) L'Ami des Hommes, p. 122.
(2) Ibid, p. 45.
(3) Ibid, p. 490.
(4) Ibid, p. 57.

Ces deux remarques faites, par quels moyens, convient-il, suivant Mirabeau, de relever la population et de régénérer l'agriculture, dont la prospérité était pour lui, la première condition d'une population nombreuse ?

Mirabeau remarque que, de tout temps, on a mal raisonné sur cet article. « Toutes les fois qu'un grand Etat est tombé dans la corruption des mœurs on s'est plaint de la dépopulation ; les spéculateurs ont cherché le remède, les législateurs l'ont ordonné, et toujours inutilement. Pourquoi ? on voulait traiter le mal sans en connaître le principe ; on ordonnait les mariages, on récompensait la paternité, on flétrissait le célibat : c'est fumer, arroser son champ sans le semer et attendre la récolte » (1).

Les encouragements artificiels sont inefficaces. « Les lois somptuaires ne valent rien dans un grand Etat » (2). Quant aux hôpitaux, ils augmentent la pauvreté au lieu de l'éteindre et tourmentent l'humanité au lieu de la soutenir, mais tout en indiquant ces inconvénients de la charité publique, le marquis se montrait partisan de l'assistance, qu'il réclamait notamment pour les enfants trouvés et les filles-mères. « Je voudrais qu'un quartier du bâtiment fut destiné à recevoir toute personne enceinte qui voudrait s'y retirer, qu'elle y fut bien traitée, sans honte ni reproches, et qu'en sortant celles qui seraient nécessiteuses reçussent dix écus pour prix du présent qu'elles ont fait à l'Etat » (3).

---

(1) L'Ami des hom., p. 12.
(2) Ibid, p. 298.
(3) Ibid, p. 242.

Mais comment faut-il réagir contre la tendance à la désertion des campagnes ? On doit, « par tous moyens doux et agréables », faire refluer dans les campagnes les habitants des villes.

Le marquis s'attachait à montrer la supériorité de la vie rurale qui rend les hommes plus sains, parce qu'ils sont élevés plus durement ; tandis que la population des villes, instable et corrompue par des besoins factices, voit sa génération s'éteindre sans qu'on puisse savoir ce qu'elle devient (1).

Afin de rendre les avantages de la société communs aux habitants des divers cantons et pour éviter l'abandon des moins favorisés, Mirabeau préconise un vaste plan de décentralisation, qui doit « semer partout le peuple, l'industrie et la consommation » (2).

Estimant d'ailleurs que ce n'était point exiger un sacrifice trop cruel du peuple et des seigneurs que de leur imposer la résidence dans les campagnes, il demandait au gouvernement de renvoyer la noblesse dans ses terres et de faire disparaître le préjugé fatal qu'un homme de qualité ne peut bien vivre qu'à la Cour et que c'est un malheur et un ridicule pour lui d'en être éloigné, « le nom de provincial est une injure, et les gens de bon aloi sont offensés quand on leur demande de quelle province est leur famille, comme si être Dauphinois ou Poitevin n'était pas être Français » (3).

---

(1) L'Ami des hom., p. 127.
(2) Ibid, p. 418.
(3) Ibid, p. 79.

Au point de vue purement économique, il considérait que, l'agriculture étant l'âme de toute la production et les dépenses des propriétaire faisant vivre les autres classes de la société, il était de toute nécessité que leur consommation eût lieu non à Paris, mais dans toutes les parties du territoire.

Mais que de réformes s'imposaient encore afin de rendre plus agréable aux habitants le séjour des campagnes ?

Le marquis réclamait dans ce but la suppression du système des corvées et une meilleure organisation du recouvrement de l'impôt. « Si le procureur, ajoutait-il, l'avocat, le juge, l'agent du seigneur, les agents du fisc, si tout cela, dis-je, les regardant en tout et partout comme victimes, ne leur laissait la peau sur les os que supposé q'elle ne fût pas bonne à faire un tambour, faudrait-il dans ce cas s'étonner s'ils périssent par milliers dans l'enfance et si dans l'adolescence ils cherchent à se placer partout ailleurs qu'où ils devraient être ».

Mirabeau demandait aussi des marques extérieures de protection et d'encouragement, « des prix et des récompenses à ceux qui auraient le mieux réussi; des honneurs pour les auteurs de certaines découvertes utiles; des encouragements pour les essais » (1), mais surtout il désirait une attention constante, une affection sincère du gouvernement pour l'agriculture qu'il faut regarder comme le principe de la « vivification intérieure » et qui

---

(1) L'Ami des hom., p. 92.

doit pousser la population aussi loin qu'elle peut aller (1).

Cependant le marquis indiquait au gouvernement d'autres procédés pour augmenter les moyens de subsistance.

Dans l'intérêt de la population le « prince-pasteur », type idéal du monarque vers lequel il aspirait, doit surveiller « l'agriculture d'abord, l'industrie ensuite et le commerce » (2).

Mais ces diverses tâches, il faut les entreprendre dans un esprit de « population » qui s'oppose, d'après Mirabeau, à l'esprit de domination et de commerce (3). Il part, en effet, d'un idéal de concorde et d'harmonie qui intéresse chaque nation au bonheur de sa voisine. Pour lui les nations sont « de grandes familles ». C'est pourquoi le prohibition n'est « qu'une grosse bêtise ». Les hommes sont frères et doivent se traiter en conséquence. « Un bon gouvernement, dit-il, doit attirer les étrangers chez lui, accorder largement la naturalisation et supprimer le droit d'aubaine (4). Ennemi de toute politique de conquête (5), Mirabeau s'élevait aussi contre le régime

---

(1) L'Ami des hom., p. 472.
(2) Ibid, p. 450.
(3) Ibid, p. 534.
(4) Ibid, p. 435.
(5) Ibid, p. 474. « Il faut borner la marine pour éviter la folie de la multiplication des forces. Jusqu'à Louis XIV, de grands hommes commandaient de petites armées qui faisaient de grandes choses. Mais depuis la guerre de 1672 qui, de défenseurs de l'équilibre nous en montra les

colonial en vigueur qui faisait des colonies les tributaires forcés de la métropole. Il réclame pour les colonies la liberté absolue de se fournir là où elles voudront et pour y amener la suppression de l'esclavage, il proposait de le rendre inutile en attirant par la prospérité des colonies des planteurs et des ouvriers.

Toujours en proie à la même préoccupation : développer les moyens de subsistance, le marquis critiquait dans la législation ce qui faisait obstacle au libre commerce des grains, la police règlementaire des blés, le régime douanier intérieur et le système des tarifs et des prohibitions. Mais à la différence des Physiocrates, qui visaient surtout l'exportation des grains, Mirabeau recherchant, au contraire, les moyens d'introduire dans le pays un supplément de produits alimentaires avait surtout en vue l'importation. Suivant l'Ami des hommes, qui ne fait encore ici que suivre Cantillon, « tout commerce exportatif de denrées est ruineux ; c'est la hideuse ignorance, qui nous fait supposer qu'il peut jamais y avoir trop de denrées dans un Etat » (1).

Sur ce point, dit M. Ripert, Mirabeau arrivait aux

---

oppresseurs, toute l'Europe étant réunie contre nous, il fallut faire tête de toutes parts. Cet état forcé parut à Louis triomphant être son état naturel ; il s'y tint donc et força ses ennemis à en faire de même. Il arrive de cela que les peuples sont plus foulés en temps de paix qu'en temps de guerre, et qu'après les traités, tout se retrouve à peu près comme avant et ce n'est qu'à l'humanité en général qu'on a fait la guerre. »

(1) Cité par Weulersse, Le Mouvement Physiocr., t. I, p. 275.

mêmes conclusions que les partisans de la balance du commerce qui comptaient également sur le développement des manufactures de luxe pour faire pencher la balance en leur faveur. Il est certain qu'en préconisant une direction artificielle du commerce il faisait subir à cette solidarité d'intérêts, qu'il avait annoncée entre les Etats, une très grave atteinte. Mais il apparait aussi clairement que son point de vue « populateur » devait l'empêcher de suivre jusqu'au bout les principes d'un libre échange absolu.

C'est qu'en effet, malgré sa foi dans la puissance productive de la terre, Mirabeau conçoit néanmoins une limite au-delà de laquelle « un grand peuple sera obligé de chercher au dehors des moyens de subsistance » (1).

Il ne s'inquiète pas des maux que pourrait entraîner une surabonce de population, car les facultés de l'homme sont pour lui supérieures à ses besoins, « la nécessité fera produire des prodiges d'industrie » (2), mais cette surabondance n'en est pas moins possible et, dans ce cas, dit Mirabeau, « il ne reste à ce superflu d'autre moyen de salut que sur les terres étrangères ».

Voilà pourquoi l'Ami des hommes compte sur l'action du gouvernement pour accroître de toutes les façons possibles les moyens de subsistance et notamment par une intelligente pratique du commerce international.

Le marquis attachait d'ailleurs une importance aussi

---

(1) L'Ami des Hom., p. 472.
(2) Ibid, p. 451.

considérable, pour le relèvement de la population, à la nécessité de la réforme des mœurs. « Les vertus, disait-il, doublent, triplent et centuplent les forces réelles et physiques d'un Etat. En vain ferez vous naître des hommes, si vous ne les rendez bons, sans que la foudre s'en mêle, ils s'entredétruiront les uns les autres » (1).

Il admettait trois principes essentiels des mœurs qui constituent les vrais ressorts d'une société, la religion, le patriotisme et les vertus civiles. Il constatait à regret combien de son temps ces ressorts étaient affaiblis. Il était pénétré du danger que faisait courir à la famille d'absence de vertus domestiques et de respect filial, de même qu'il voyait dans l'esprit libertin et le scepticisme de son siècle une cause de ruine pour la société, « ce proverbe : après moi, le déluge, est déjà le plus commun parmi nous..., craignez que la destructive philosophie des voluptueux insensés ne deviennent une prudente nécessité pour les autres, car il n'y a malheureusement pas de milieu, la débauche ou le mariage, l'un stérile, l'autre fécond » (2).

Cependant, il ne doutait pas qu'on pût « remonter les mœurs sans autres outils que les exemples et la police ». Il exigeait du gouvernement la répression sévère des attentats contre l'honnêteté publique et la publicité du vice, « rien n'est petit aux yeux d'un législateur; le vulgaire ne se mène pas par les grand principes, la tota-

(1) L'Ami des hom., p. 283.
(2) Ibid, p. 130, p. 76.

lité des mœurs se corrompt par le détail, d'ailleurs tout fait cercle ici-bas, tout se tient par des liens invisibles et par mille chaînons insensibles aussi » (1).

Mais il faut surtout compter sur l'influence de l'exemple. « Nous sommes susceptibles de qualités épidémiques, et c'est un avantage singulier du Français qu'en tout état il est aisé de le piquer d'honneur et par ce mobile de lui faire faire des prodiges; quand on ne lui fait pas faire des miracles, c'est la faute de ses chefs » (2).

Il ne s'agit pas d'établir la frugalité universelle et la consommation géométrique, mais que chacun soit à sa place, car le désordre aussi devient contagieux. De même qu'il faut honorer les femmes qui allaitent leurs enfants, de même il faut que chaque profession soit honorée relativement à son degré d'utilité sociale et que les individus eux-même soient un peu plus préoccupés de faire honneur à leur situation sociale au lieu de tendre sans cesse vers une situation supérieure (3).

En un mot, l'amélioration des rapports entre les hommes exige que « toutes les touches du clavecin con-

---

(1) L'Ami des hom., p. 261.

(2) Ibid, p. 264, p. 473.

(3) Ibid, p. 105, 107, 108. — A l'époque où s'accrédite la légende du bon sauvage, Mirabeau conclut à la lutte contre les instincts aveugles de la nature, qui demeurent prêts à se réveiller chez le civilisé. Il voit dans l'éducation des mœurs et le progrès moral la condition du progrès économique et le moyen d'empêcher que la richesse ne devienne pour la société une cause de décadence.

tribuent à l'harmonie » ; elle implique une certaine culture intellectuelle, un effort volontaire et persévérant,
car la civilisation n'est pas une pente douce, c'est une
lente ascension vers un idéal.

Arrivés au terme de l'examen des idées du marquis
de Mirabeau, dans la première phase de sa pensée, il
nous reste une remarque à faire. Malgré ses tendances
humanitaires et philanthropiques, l'Ami des hommes,
restait avant tout, comme le dit M. Ripert, l'Ami des
Français, et dans ses critiques il considérait la situation
de son propre pays (1). C'est la France qu'il entendait
régénérer en indiquant certains remèdes proportionnés
à la gravité des maux dont elle souffrait. « Au fond,
ce n'est que pour elle que je parle », dit-il à la fin de
son livre (2). Par là, il se distinguait nettement des Physiocrates, qui allaient analyser, au contraire, les conditions et le mode d'existence d'une société idéale, conçue comme immuable, identique dans tous les temps et
dans tous les pays.

Sur ce point, les doctrines de l'Ami des hommes,
offraient donc un contraste frappant avec celles de
Quesnay et présentaient sur elles la supériorité du con-
cret sur l'abstrait. Mais il est probable qu'il dut considérer comme une faiblesse ce qui pour nous fait son
mérite, car une fois conquis par la doctrine de Quesnay
il lui sacrifia ses vues personnelles jusqu'à considérer

---

(1) L'Ami des hom., p. 232.
(2) Ibid, p. 541.

comme un devoir pour lui d'en présenter la réfutation dans tous ses ouvrages postérieurs.

C'est ce renversement de principes dans la pensée de Mirabeau qu'il nous reste à exposer.

Sans nous arrêter à l'examen des circonstances curieuses dans lesquelles le marquis de Mirabeau trouva son chemin de Damas, épisode dont il nous a laissé lui-même un piquant récit (1), voyons comment se traduit, notamment dans la Philosophie rurale l'abandon complet des principes dont s'était inspiré l'Ami des hommes en matière de population.

Mirabeau explique lui-même son revirement d'opinion en disant que dans l'Ami des hommes il considérait les choses « dans les vues de l'humanité », tandis que désormais il les considère « plus particulièrement dans les vues économiques » (2).

Il est certain qu'en préconisant l'accroissement de la population l'Ami des hommes se plaçait principalement au point de vue du bonheur des hommes, sans négliger d'ailleurs les intérêts de l'Etat (3). Cependant il s'inspirait aussi de considérations économiques très importantes, et lorsqu'il affirmait la nécessité de développer la culture pour augmenter la population, il semble au premier abord que son avis n'était pas sensiblement différent de celui de Quesnay et qu'en somme il s'avouait vaincu à peu de frais.

---

(1) MIRABEAU, Lettre à Rousseau, 30 juillet 1767.

(2) Cité par Weulersse, op. cit., t. II, p. 279.

(3) L'Ami des h., p. 201. — « Un prince est puissant en proportion du nombre des hommes auxquels il commande.»

En réalité, suivant M. Baudrillart, « Mirabeau lâchait pied devant Quesnay, parce qu'il était apôtre plus que maître, n'ayant pas la pleine conscience de son idée comme Quesnay l'eut de la sienne (1).

Au moment où Quesnay lui offrit son système la pensée de Mirabeau était erstée flottante, et lui-même l'avouait plus tard en disant « qu'il nageait alors dans un océan d'incertitude » (2). L'idée d'harmonie sociale que l'Ami des hommes avait pressentie, mais qui chez lui manquait de base, trouvait précisément un fondement solide dans la conception physiocratique. La solidarité des intérêts s'établissait naturellement sur ce principe que du produit de l'agriculture dépend toute la richesse qui se distribue dans la nation.

Partant de là, Quesnay considérait que les richesses étaient la cause de la population et devaient passer avant elles.

L'Ami des hommes avait au contraire soutenu que la population était la source des richesses.

Entre ces deux propositions fondamentales il y avait donc une contradiction véritable. Cette contradiction impliquait des résultats pratiques tout différents, que Mirabeau expose lui-même dans la Philosophie rurale en critiquant les conceptions qu'il avait défendues dans l'Ami des hommes.

Le travail n'est pas le facteur prépondérant dans la

---

(1) BAUDRILLART, Journal des Economistes, mai 1885.
(2) MIRABEAU, Lettre à Rousseau, 30 juillet 1767.

production. Sans capitaux, les hommes ne feront que multiplier leur misère, ils formeront « un peuple brigand par nécessité, et en conséquence bientôt détruit ou par ses propres besoins ou par les attaques de ses voisins » (1). Si l'agriculture ne réclamait que des hommes, observe Mirabeau, « on ne sanrait manquer de laboureurs en Limousin puisqu'il s'y trouve un excédent de vignerons ».

L'Ami des hommes avait cherché, nous l'avons vu, à accroître dans l'Etat les moyens de subsistance ; pour cela il avait prêché le développement de la petite culture, et la restriction de la consommation individuelle, persuadé que ce que chacun consommait en trop était autant d'enlevé à la consommation de tous. Il avait enfin cherché à attirer par l'importation les produits de l'étranger et dans ce but « il eût volontiers greffé les manufactures sur tous les sauvageons de son canton ».

Toutes ces tentatives étaient autant d'hérésies pour la doctrine nouvelle.

Le produit net étant la seule richesse sociale, ce qu'il faut rechercher avant tout, ce sont les moyens de le développer, et pour cela, il faut réduire les frais généraux de l'exploitation et procurer aux produits des débouchés assurés qui leur garantiront un prix rémunérateur. Mirabeau renchérissait en disant que la productivité de l'agriculture était en raison inverse de l'emploi des hommes et en raison directe de l'emploi des capi-

---

(1) MIRABEAU, Philos. rurale, ch. VIII.

taux, « à produit égal, plus l'industrie et la richesse
des entrepreneurs épargne de travail d'hommes, plus la
culture fournit à la subsistance d'autres hommes » (1).
Puis rappelant le mot fameux d'Henry IV, sur la « poule
au pot », le marquis soutient qu'il faut encourager le
progrès de la consommation populaire, pour accroître
les revenus et pour entraver les maux du paupérisme.
« Si, par le trop grand nombre d'hommes, la rétribu-
tion était si faible et si partagée qu'elle ne pût leur procurer que le nécessaire rigoureux et une nourriture de
vil prix, la valeur vénale des productions baisserait à
proportion du déchet de la consommation. On verrait la
terre se couvrir de maïs, de patates, de turnipes, de blé
noir, de pommes de terre, etc » (2).

Et il ajoute, en vrai précurseur de Malthus, « comme
les pauvres engendrent plus que d'autres, la portion de
leurs terres en patates ou blé noir augmentera chaque
jour ; et petit à petit, voilà un Etat sans revenus, sans
propriétaires, sans soldats. La terre, au lieu de changer
la pluie en or, la changerait en marcasite du plus mauvais aloi » (3).

Quant à l'établissement des manufactures d'exportation, ce ne doit être « qu'un accessoire très subordonné
à l'avantage d'un prompt et facile débouché qui procure
tout à coup un prix avantageux à la vente des produc-

---

(1) Cité par Weulersse, op. cit., t. II, p. 287.
(2) MIRABEAU, Philos. rurale, c. VIII, p. 169.
(3) Id, Philos. rurale, c. VIII, p. 176.

tions » (1). En pratique, elles risquent de développer dans le pays le luxe de décoration, et surtout d'entraîner le gouvernement à cette politique « aveugle et absurde » qui consiste à avilir les denrées.

De tout cela il résulterait bien, conformément à la doctrine physiocratique, que ce qu'il fallait favoriser, ce n'était pas tant l'augmentation inconsidérée de la population que l'accroissement du revenu ou produit net. Rien de plus curieux que de suivre à cet égard l'argumentation par laquelle le marquis développe cette idée dans le chapitre VIII de la Philosophie rurale, en foulant aux pieds ses anciens principes (2). La population, dit-il, est elle-même sa propre ennemie, et la multiplication des hommes sans subsistances n'est pas un bien par elle-même, attendu qu'elle les voue au supplice de la faim. Les hommes ne doivent donc chercher à multiplier leur descendance qu'autant qu'elle possédera les moyens de subsister et il entend par là non plus la faculté théorique de consommer, mais les moyens effectifs de le faire. c'est-à-dire un emploi et des salaires.

Il y a toujours un trop grand nombre d'hommes, dit-il, partout où leur emploi n'est pas assuré et où le salaire pour les faire vivre leur est refusé. Ce qu'il faut donc augmenter, c'est la masse totale des richesses sociales et pour cela le produit de l'agriculture qui en est la seule source. Ce n'est pas par le nombre des hommes

---

(1) MIRABEAU, Philos. rurale, c. VIII, p. 52.

(2) MIRABEAU, La Philos. rurale, p. 165 et s.

que l'on doit juger de la puissance d'un Etat, mais par l'abondance de ses revenus.

« C'est donc ainsi seulement qu'il faut être populateur... Augmentez les revenus, la population s'étendra à mesure; sortez de cette règle, vous ne tenez rien » (1). Cette conclusion de l'auteur ne laisse vraiment aucun doute sur la sincérité absolue de sa conversion.

Il ne pouvait pousser plus loin le sacrifice de « la liberté de sa tête et de ses doigts », car ce ne fut pas sans regret qu'il abandonna ses idées favorites. Il écrit encore dans la Philosophie rurale : « chère et brillante image de ton Créateur... pardonne si j'ai tenté de soumettre au calcul ton existence et paru l'astreindre à des lois fixes de combinaison (2).

Mais quand il eut triomphé de son premier idéal, sous l'empire d'une confiance aveugle dans la science nouvelle, il eut vraiment, comme l'a dit un de ses biographes, M. Lucas de Montigny, « le fanatisme de l'infaillibilité ».

Aussi bien cette tendance nouvelle de son esprit devait, semble-t-il, le conduire à tirer du renversement de son principe de population des conséquences d'une rigidité semblable à celle de la doctrine de Malthus.

Nous l'avons déjà vu exprimer dans des formules saisissantes l'idée que la population pouvait s'écraser contre la barrière formée par les subsistances, ainsi que les souffrances qui en résultent.

---

(1) MIRABEAU, Philos. rurale, p. 178.
(2) Id, Philos. rurale, chap. VIII, p. 186.

Mais ne dirait-on pas qu'il pose le principe de la responsabilité individuelle lorsqu'il déclare que « l'homme ne peut se refuser à faire sa partie dans le concert universel sans entraîner son individu, son espèce autant qu'il est en lui, dans la révolte, la misère, la mort et le chaos » (1).

Et n'est-ce point la crainte des obstacles répressifs qu'il semble vouloir éveiller dans ce passage d'une lettre à J.-J. Rousseau : « L'homme peut enfreindre les lois essentielles de l'ordre naturel quant au petit cercle relatif à la subsistance et à la multiplication, mais il ne le peut que sous peine de souffrance et de mort » (2).

En réalité, l'œuvre entière de Mirabeau proteste contre une pareille interprétation de sa doctrine, à cause de l'optimisme inébranlable qui ne cessa point de la dominer. Ce qu'elle empruntait au système physiocratique c'était une base plus solide et une confiance plus robuste dans son idéal de philanthropie. Grâce aux règles simples de l'ordre naturel, le marquis croyait voir plus facilement assuré le bonheur de l'humanité. Le progrès ne rencontrait plus d'autre obstacle que l'ignorance des lois naturelles de l'ordre physique, essentiellement bienfaisantes. Pour Malthus, au contraire, ce progrès devait se heurter à la résistance d'un instinct indéfectible, ainsi qu'à la productivité décroissante de l'industrie agricole.

---

(1) Mirabeau, Philos. rurale, chap. VIII, p. 17.

(2) Id, Lettre à Rousseau, 30 juillet 1767.

L'équilibre entre la société et son milieu naturel ne dépendait plus de la simple connaissance de l'ordre et de l'action d'un gouvernement éclairé, chargé d'en assurer le respect. L'individu lui-même, suivant Malthus, devenait l'agent conscient de cet équilibre et la nécessité de l'effort volontaire, de la contrainte, s'imposait à lui comme la condition essentielle de son bonheur.

Il n'en est pas moins vrai que, soit à l'égard de la doctrine de Malthus, soit à l'égard des théories plus modernes sur la population, l'œuvre de Mirabeau se distingue par un grand nombre de vues les plus originales et les plus fécondes. Beaucoup de ses propres idées circulent dans l'atmosphère que nous respirons aujourd'hui.

Le marquis, sans être un économiste de premier ordre, avait analysé avec beaucoup de clairvoyance les maux dont souffrait la société de son temps et leur influence sur le mouvement de la population. La vigueur avec laquelle il dénonçait certains préjugés invétérés sur les causes de dépopulation, l'importance qu'il accordait aux facteurs économiques et moraux, le souci qu'il avait d'assurer les qualités morales de la population aussi bien que son accroissement numérique, tout cela joint à la générosité de ses sentiments et à son ardent amour pour le bien public, lui donne auprès de la postérité, qu'il aima plus que tout autre (1),

---

(1) Le marquis voulait se ménager à toute force une postérité, fût-ce au prix de son propre bonheur. Il épousa une personne, qu'il connaissait à peine, et douée d'un

les titres les plus sérieux de gloire et de profond respect.

---

caractère qui se révéla dans la suite assez acrimonieux. Voici ce qu'il écrivait à son frère au sujet de son mariage : « Il est tout simple que mes affaires t'intéressent, puisque, ainsi que toi, je ne travaille que pour la *case*. Cette idée, si enracinée dans les âmes nobles, en qualité de préjugé, serait difficile à analyser géométriquement aux yeux de la raison, puisqu'il semble que ce soit pour les murs qu'on travaille, attendu qu'on connaît à peine ses enfants et moins encore ses petits-fils. C'est cependant une des plus utiles folies de l'humanité, supposé que c'en soit une, et des plus conservatoires pour l'état de la société. »

V. RIPERT, Le Marquis de Mirabeau, p. 18.

CHAPITRE IV

LA CONSTITUTION DE LA DÉMOGRAPHIE

A l'impulsion donnée par Mirabeau à l'étude des questions relatives à la population se rattache une série de travaux qui imprimèrent à la statistique une direction nouvelle. Jusque-là, purement descriptive, la statistique était seulement considérée comme une condition indispensable d'une bonne administration. L'idée d'en faire un instrument d'observation scientifique se répandit avec la croyance que les phénomènes démographiques sont soumis à des lois.

Le pasteur allemand Süssmilch avait eu le premier conscience de l'existence d'un ordre régulier sous l'empire duquel vient se placer la vie humaine.

S'inspirant d'un sentiment religieux, son livre tendait à prouver « que le Créateur préside avec la plus grande sagesse aux lois qui se manifestent dans notre naissance, dans la durée de notre vie et dans notre mort » (1).

En France, ce genre de recherches, basées sur les données expérimentales, fut inauguré, dans un intérêt financier, par le mathématicien *Deparcieux*, de l'Académie des Sciences.

Son *Essai sur les probabilités de la durée de la vie humaine*, paru en 1746, contenait plusieurs tables de mortalité, qui permettaient de dégager des moyennes d'une grande utilité pour les opérations d'emprunt et de rente viagère. Deparcieux fit entrer dans ses calculs des distinctions qu'on négligeait avant lui, en mesurant pour la première fois les chances de longévité suivant les classes sociales. Il y avait en outre, dans son ouvrage, des observations intéressantes sur la population. Il constatait notamment la tendance à la désertion des campagnes au profit des villes et signalait une cause de mortalité infantile dans l'habitude de confier les enfants à des nourrices étrangères (2).

Parmi les publicistes de la seconde moitié du siècle, qui ont tenté de déterminer le nombre des habitants, autrement que par de vagues hypothèses, et se sont appuyés sur l'analyse des faits, il faut d'abord mentionner l'*abbé Expilly*.

---

(1) V. SUSSMILCH, L'Ordre divin dans les variations du genre humain, publié en 1741.

(2) « Le bas-peuple, qui n'a pas les moyens de payer cher, prend des nourrices éloignées, et il en meurt un peu plus de moitié entre leurs mains. » Cité par Levasseur, La Popul. Franç., t. 1, p. 273.

Cet écrivain a consigné le résultat de ses patientes recherches dans son *Dictionnaire des Gaules et de la France.*

Dans l'*Avertissement* de cet ouvrage, paru en 1762, l'auteur protesta l'un des premiers contre les assertions pessimistes, dont Mirabeau s'était fait l'écho. Aux 18.107.000 habitants que l'Ami des Hommes attribuait à la France, Expilly opposait le chiffre de 24.000.000, dans un résumé de ses recherches, qu'il fit paraître en 1765 (1).

A peu près à la même époque, des investigations beaucoup plus importantes furent entreprises par *Messance.*

L'ouvrage publié en 1766 par cet écrivain (2) sous le titre de *Recherches sur la population des généralités d'Auvergne, de Lyon, de Rouen et de quelques autres villes du royaume,* est un recueil de faits relatifs à la population de trois provinces. Ce sont des monographies consciencieuses basées sur l'observation méthodique et

---

(1) En 1780, l'abbé Expilly dressa le tableau de la population française, classée d'après l'âge, l'état-civil et les professions.

(2) Plusieurs auteurs ont, d'après Grimm, attribué cet ouvrage à l'Intendant d'Auvergne La Michodière, dont Messance fut le secrétaire ; d'autres l'ont attribué à un certain abbé Audra. Ces opinions ne sont pas appuyées par des preuves. Messance, qui publia en 1788 de nouvelles recherches sur la population, revendiqua l'honneur d'avoir, par ses travaux, donné l'impulsion au gouvernement lui-même qui s'occupa à partir de 1772 d'obtenir un relevé annuel des naissances, des mariages et des décès.

le classement raisonné des faits. L'auteur juge possible
d'établir le dénombrement approximatif de la population du royaume en s'assurant par des expériences
diverses du taux moyen de la natalité.

Il conçoit, en effet, l'existence de lois naturelles régissant les phénomènes démographiques. « En général,
dit-il, il est dans l'ordre de la propagation que le nombre des naissances réponde au nombre des habitants
dans une proportion telle que les hommes qui naissent
puissent remplir le vide de ceux qui meurent; il est
même nécessaire que dans les petites villes et paroisses
il y ait, année commune, plus de naissances que de
morts, tant pour recruter les grandes villes que pour
réparer les ravages des guerres, des pestes et autres
fléaux qui affligent de temps en temps le genre humain
et qui l'auraient peut-être détruit, si dans l'ordre ordinaire le nombre des naissances n'excédait celui des
morts » (1).

La pensée de Messance se rapproche même de celle
de Malthus si l'on en juge par cette déclaration relative aux obstacles répressifs de la population : « Comme
dans les règles de la Providence, rien n'arrive au hasard, ces fléaux peuvent avoir leur utilité, ils entretiennent peut-être le niveau entre le nombre des habitants de la terre et les productions destinées à leur
subsistance et empêchent que l'espèce humaine ne se
multiplie trop et ne surcharge la surface de la terre,

---

(1) MESSANCE, Recherches, 1776, p. 2.

d'où il pourrait résulter de plus grands maux que ceux causés par la guerre, les pestes et les autres maladies épidémiques » (1).

Ces considérations générales ne sont pas développées par Messance, qui déclare du reste au début de son livre son intention de s'attacher à l'examen des faits essentiels. Il s'efforce donc de donner à ses calculs la plus grande précision possible. Dans ce but, il porte ses recherches sur trois généralités différentes. Dans chacune d'elles il se procure, à l'aide des registres déposés dans les greffes des justices royales, le nombre des naissances, des mariages et des décès, survenus pendant une période décennale dans la plupart des villes et des paroisses de la généralité. En même temps il procède à des dénombrements particuliers dans un grand nombre de villes et paroisses. La proportion constatée entre l'année commune des naissances et le chiffre des habitants des lieux dénombrés lui donne un coefficient qui lui permet de calculer la population totale de la France et d'affirmer le progrès de son accroissement.

Partant de ce principe que « tout ce qui doit constater une vérité exige les recherches les plus exactes et les plus étendues » (2). Messance établit des comparaisons multiples pour connaître l'état de la population à diverses époques.

Il dresse pour chaque province des tables de natalité,

---

(1) MESSANCE, Recherches, 1766, p. 2.
(2) Id, p. 106.

de mariages et de mortalité et divise les habitants par sexe, par âge et par classes. Il compare ensuite les trois généralités pour en tirer des inductions relativement à la densité de la population, au nombre et à la fécondité des mariages. Il insiste particulièrement sur la nécessité de connaître les variations de la durée de la vie moyenne et les périodes de la vie les plus sujettes à la mortalité (1).

Messance termine son ouvrage par des recherches moins étendues faites dans diverses villes du royaume et par des réflexions sur la valeur du blé depuis 1674 jusqu'en 1764.

Contrairement à la théorie défendue par les Physiocrates, Messance voit dans le bas prix du blé le moyen de faire hausser les salaires et d'accroître l'aisance du peuple. Mais il reconnaît l'impuissance des lois et notamment de l'édit de 1666, pour diminuer le nombre des célibataires et augmenter celui des enfants. « La fécondité du mariage, dit-il, dépend de causes absolument indépendantes de la volonté même de ceux qui peuvent seuls y contribuer; elle est par cette raison au-dessus des lois humaines » (2).

Quand on songe au peu de ressources dont la statistique disposait de son temps, le mérite de Messance apparaît d'autant plus grand que par l'importance réelle de ses travaux il ouvrait la voie à des recherches plus précises et beaucoup plus étendues.

---

(1) MESSANCE. Recherches, 1766, p. 106.
(2) Ibid, p. 143.

MOHEAU

La liste des auteurs les plus intéressants pour notre sujet, dans la période que nous considérons, se termine par le nom de Moheau, écrivain d'un rare mérite et cependant fort peu connu « dont la réputation, dit M. Levasseur, n'a guère commencé qu'un siècle après sa mort et restera enfermée dans le cercle étroit des statisticiens » (1).

On a voulu, sans raison suffisante, attribuer à M. de Montyon, le célèbre philanthrope, dont Moheau fut le secrétaire, la paternité de l'œuvre remarquable que constitue les « Recherches et Considérations sur la Population de la France ». Cette opinion semble du moins peu conciliable avec cette circonstance que des contemporains, tels que Young et Lavoisier, ont invoqué l'autorité de Moheau en matière de population.

Quoiqu'il en soit, l'auteur ne visait rien moins qu'à la célébrité (2). Le souci du bien public dominait sa

---

(1) LEVASSEUR, La Popul. franç., t. I, p. 58. Le livre de Moheau ne fut publié qu'en 1778, mais par ses origines, il se rattache à la période antérieure à l'apparition de l'ouvrage d'Adam Smith. Il est précédé d'une épître au Roi, qui date de 1774.

(2) « Je me suis flatté, dit Moheau, dans sa préface, que l'obscurité de mon nom et de mon état, mon peu de talent et la nature de cet ouvrage, qui, même s'il réussit, ne peut avoir qu'un petit nombre de lecteurs, me mettrait à l'abri des inconvénients ordinaires de la littérature. » MOHEAU, Recherches, p. 9.

pensée. « J'ai présumé, dit-il, qu'il était possible de servir l'Etat sans être accusé de l'offenser. L'idée de contribuer au bien de l'humanité et à celui de ma patrie, cette folie des âmes honnêtes m'a séduit et je me suis livré à l'imprimeur » (1).

Dans le cadre restreint de cette étude, l'analyse des « Recherches et Considérations sur la Population de la France, ne saurait occuper qu'une place disproportionnée avec l'importance réelle de cet ouvrage, qui non seulement nous offre un exposé méthodique des vérités entrevues par les écrivains antérieurs en matière de population mais consacre d'une manière définitive la formation de la science même de la population.

Moheau conçoit dans son indépendance le système de vérités générales que la démographie veut découvrir, la méthode inductive qui doit régler sa marche et l'utilité des lumières qu'elle peut répandre.

Les hommes considérés en masse, l'analyse des grands faits de la vie humaine, les lois qui régissent le développement de la population, les conditions matérielles et morales qui le favorisent ou l'entravent, ces différents objets sont reconnus par l'auteur comme étant du ressort de la science.

Pour parvenir en cette matière à la connaissance de la vérité « la voie la plus certaine, déclare Moheau, consiste à s'élever de l'examen des faits à l'établissement du principe » (2). Il est plus d'hommes qui savent

---

(1) MOHEAU, Recherches, p. 10.
(2) Ibid, p. 9.

calculer que raisonner. Des faits scrupuleusement véri-
fiés frappent tous les esprits « Ainsi disposés, que chaque masse de faits donne lieu à une conséquence, ils
forment un corps de preuve qui nécessite la conviction » (1).

En dehors de cette considération théorique, une leçon
de morale se dégage du spectacle de cette longue suite
de générations, qui se succèdent, se poussent, s'éteignent et se reproduisent. « Le temps, l'espace, la multitude, tout. nous ramène au sentiment de notre faiblesse » (2).

Au point de vue pratique, le plus vif intérêt s'attache
aux résultats des recherches démographiques. C'est pour
l'administration une source d'informations indispensa-
bles, un moyen de connaître les forces et les besoins
de la nation et de réaliser des réformes utiles, telles
que la répartition équitable des impôts. La connaissance des causes dont l'influence s'exerce sur les progrès et les pertes de la population peut en outre servir
à la physique, à la médecine, à toutes les sciences qui
ont pour objet la santé, la conservation, la protection,
les secours à porter à l'humanité.

Cette distinction que l'auteur fait ressortir entre la
partie spéculative de la démographie et les règles pratiques qu'on en peut tirer permet à juste titre de considérer Moheau comme-l'un des fondateurs de la démographie.

---

(1) MOHEAU, Recherches, p. 9.
(2) Ibid, p. 3.

Les « Recherches et Considérations sur la Population de la France » comprennent deux livres.

Dans le premier livre, l'auteur fait des recherches purement objectives sur l'état de la population, son évaluation numérique, sa répartition sur le territoire et sa composition par sexe, par âge et par professions. Des faits observés il tire des conclusions sur le mouvement de la population, sur les progrès et les limites de son accroissement.

Dans le deuxième livre Moheau se préoccupe de résoudre des questions d'un ordre plus général que celle de la constitution de la population et qui relèvent non seulement de la démographie mais de la science morale et politique : il passe en revue les causes physiques, morales et politiques qui peuvent influer sur les progrès ou la décadence de la population.

L'ouvrage est précédé d'une introduction dans laquelle l'auteur, partant de cette idée que la population est le principe de la richesse, expose les avantages qui résultent de sa densité. « La population, dit-il, n'a jamais d'action et de résultat que lorsqu'elle est rassemblée » (1). Au point de vue militaire, c'est le nombre « qui décide de ces grandes querelles entre les nations » (2).

---

(1) MOHEAU, Recherches, p. 16. « La division du travail, la balance avantageuse du travail combiné forme un excédent de valeur sur lequel seul peut être prélevée la portion dont profite le corps de la société. »

(2) MOHEAU, Recherches, p. 16.

Avant de « mesurer la population sous toutes ses dimensions », Moheau cherche à donner plus de certitude aux moyens employés pour évaluer la population. Il insiste sur la nécessité d'opérer sur des nombres et des périodes d'une assez grande étendue et de choisir des termes d'appréciation ayant avec la population une relation **constante.** Le nombre des maisons, celui des cotes d'imposition, la quotité **de la consommation,** fournissent des proportions utiles mais beaucoup moins justes que le taux moyen des naissances, car « l'inégalité des récoltes des diverses années n'est nulle part moins sensible que dans les produits de l'espèce humaine » (1). A cet égard une période décennale lui paraît une bonne mesure, renfermant les mêmes variations qu'un plus long espace de temps. Opérant sur diverses communautés prises au hasard dans diverses contrées ou choisies « en sorte que leur situation soit combinée et forme compensation », il obtient le rapport à l'aide duquel il calcule la population entière de la France. Il établit aussi la densité moyenne de la population du royaume et les différences, qu'il signale à ce sujet entre les diverses provinces, s'expliquent, d'après lui, par les qualités du sol et du climat et par le genre d'occupations (2).

Etudiant la population d'après l'état-civil, il déclare que le premier devoir d'un citoyen est de subir le joug du mariage, mais il n'en reconnaît pas moins les services

(1) Moheau, Recherches, p. 33.
(2) Id, p. 68.

que peuvent rendre à la société les célibataires, « genre d'hommes, dit-il, qui, en tout, paraît plus capable d'écrire, de faire et de produire de grandes choses » (1).

A propos de la répartition des habitants par professions « il n'est pas indifférent, pour l'Etat, écrit-il, qu'un grand nombre d'hommes se portent vers certaines professions et en négligent d'autres » (2). Le gouvernement exerce sur ce choix une influence directe par les gênes qu'il apporte ou les avantages qu'il attache à certaines professions. Bien plus, « il n'est peut-être pas de pays, observe Moheau, où l'Administration emploie plus d'agents qu'en France ; les ministres, intendants, commis, employés de toute espèce, pour tout genre d'opérations forment un peuple entier, mais peut-être aussi n'est-il pas de pays dans l'univers où l'Administration soit sur un meilleur pied » (3).

L'ordre de la natalité et celui de la mortalité sont pour Moheau l'occasion de recherches précises. Il examine avec soin le rapport des mariages aux naissances, les différents degrés de la fécondité suivant les provinces, les années et les mois. Il remarque combien les mariages sont moins féconds dans les villes que dans les campagnes.

Les indications tirées de l'observation des faits concernant la mortalité ont une importance particulière.

(1) MOHEAU, Recherches, p. 81.
(2) Id, Recherches, p. 108.
(3) Id, Recherches, p. 109.

Le calcul de la vie moyenne intéresse les individus autant que l'Etat, en apprenant quel est le temps et l'âge où les services de l'homme doivent être ménagés, en servant à fixer les limites de la carrière que chaque âge peut parcourir.

Il ne serait pas moins utile de mettre sous les yeux du peuple le tableau des causes de mortalité, des genres de maladies « auxquelles certains pays et certains ordres de personnes sont sujets » (1). Moheau remarque que si le bas-peuple produit autant d'enfants que les autres ordres de l'Etat il n'en élève pas autant. Mais d'autre part la richesse a ses dangers ainsi que la pauvreté, et le problème n'est pas résolu, « s'il meurt plus d'hommes de faim que d'indigestion » (2).

Au sujet de l'émigration l'auteur formule des assertions pessimistes que le temps n'a pas confirmées. Il se plaint qu'en France « l'expatriation soit une maladie nationale », et que les pertes causées par l'émigration ne soient pas compensées par l'immigration (3).

Le premier livre des Recherches se termine par l'examen de trois questions fort agitées au cours du siècle.

C'est d'abord et surtout la question de savoir s'il y a augmentation ou perte de population en France.

La réponse de Moheau est une esquisse, admirable de

---

(1) V. MOHEAU, Recherches, p. 242. V. aussi p. 221. « Il serait à souhaiter qu'on évaluât la vie des différentes professions pour avoir la notion de la salubrité de chaque métier. »

(2) MOHEAU, Recherches, p. 217.

(3) MOHEAU, ibid, p. 243 et s.

bon sens et de clarté, des progrès accomplis par la population.

Il reproche aux historiens antérieurs, qui ont parlé du dépeuplement d'avoir cédé au penchant ordinaire qui porte à critiquer et à se plaindre, « peut-être à cause des vices et des malheurs qu'ils avaient sous les yeux » (1).

D'ailleurs si c'est un problème insoluble de calculer les pertes et les gains de l'humanité, c'est encore une question difficile à résoudre pour une nation, mais alors c'est une recherche digne d'attention.

A ne consulter que les causes générales qui ont nécessairement influé sur l'augmentation ou la décroissance de la population, il semble que depuis les temps anciens, le début du XIVe siècle étant mis à part, comme une époque particulièrement prospère, la population n'a vraiment pu se développer sans obstacle qu'après 1715. La guerre de cent ans, les guerres de religion ont été ruineuses mais le règne de Louis XIV ne fut pas moins funeste (2).

Ces conjectures sont du reste confirmées par les faits. Les maladies épidémiques sont moins terribles ; certaines affections cutanées, notamment la lèpre, sont devenues très rares. L'art de guérir est plus répandu, l'hy-

---

(1) MOHEAU, Recherches, p. 249.

(2) « Ce prince, qui quelquefois mérita des éloges, mérita encore plus de reproches pour avoir abusé de la nation et de son siècle et avoir appris à l'Europe à grossir son pied militaire. » MOHEAU, Recherches, p. 256.

giène publique en progrès, les disettes moins fréquentes qu'autrefois.

Appréciant le bien-être des hommes comparé a celui des temps anciens, Moheau décrit, dans un tableau fort intéressant les progrès réalisés dans le logement, le vêtement et l'alimentation populaire (1). De tout cela l'auteur ne conclut pas que l'état du peuple en France « soit aussi heureux qu'il peut l'être, ni tel que l'humanité l'exige ni même égal à celui de plusieurs de nos voisins » mais il croit que la misère du peuple est « de quelques degrés moindre qu'elle n'était autrefois » et par suite moins destructive (2). Moheau revient ensuite à sa méthode de calcul pour tirer de la comparaison des relevés des naisances et des décès la preuve décisive de l'accroissement progressif de la population française.

Comment se règle le développement de la population ? quelles en sont les limites ?

A ces deux questions l'auteur répond de façon aussi brève que sensée. Il reconnait la tendance naturelle de l'homme à la procréation (3), mais il juge inutile d'en calculer la force par des progressions abstraites, semblables à celles de Wallace, qui laissent de côté trop

---

(1) V. MOHEAU, Recherches, p. 262 et s.

(2) MOHEAU, ibid, p. 265.

(3) V. MOHEAU, Recherches, p. 271. « En général, l'humanité est tellement constituée et la fécondité et la mortalité tellement combinées que notre espèce doit multiplier dans nos climats, si quelque raison locale, physique ou morale, ne dérange l'ordre de la propagation et n'intervertit la loi de la nature. »

d'éléments réels. « Ces évaluations, dit-il, sont exces-
sives et nous ne connaissons aucun pays auquel elles
puissent s'appliquer » (1), et l'auteur ajoute, réfutant
d'un mot le procédé déductif que suivra Malthus: « C'est
d'après l'état ancien et nouveau de la population qu'on
peut fixer l'ordre de ses progrès » (2).

Quant aux limites de la population, Moheau ne voit
aucun obstacle à ce que la population de la France
puisse doubler au bout d'un certain temps. Il croit avec
Franklin « que les limites de la population ne sont fixées
que par la quantité d'hommes que la terre peut nourrir
et vêtir » (3).

Le nombre des habitants d'un pays ne dépend pas seulement de la fécondité du sol mais de l'état des relations
économiques avec les pays étrangers.

Le deuxième livre des *Recherches et considérations de*
la France, consacré à l'étude des causes du progrès ou
de la décadence de la population, contient d'excellents
aperçus, qui dénotent sur plus d'un point une sagacité
et une largeur de vues vraiment remarquables.

L'auteur commence par examiner l'influence des facteurs physiques sur le mouvement de la population.

Il attache une grande importance à cette « loi impérieuse du climat, qui attire plus ou moins les sexes,
hâte ou retarde l'époque de la fécondité, en multiplie ou
restreint les produits, tue ou énerve, fortifie ou conserve

---

(1) MOHEAU, Recherches, p. 273.
(2) MOHEAU, Ibid, p. 273.
(3) MOHEAU, ibid, p. 274.

les habitants des diverses contrées » (1). L'influence des qualités de l'air, « l'aliment le plus nécessaire à la subsistance de l'homme », l'action exercées par les vents, par les eaux, sont tour à tour mises en évidence.

Au sujet de l'alimentation, Moheau développe des vues qui sont encore peu répandues de nos jours. Il serait à désirer, d'après lui, qu'on s'occupât des moyens de multiplier les denrées nationales et de les remplacer, qu'on apprît quelle est la quantité proportionnelle de matière nutritive que contient chaque espèce de denrées (2). Il existe notamment un grand nombre de végétaux qui contiennent des principes alimentaires « que la chimie peut reconnaître et développer ». Ces considérations devraient être pesées lorsque les besoins de 'Etat forcent à gêner la consommation par des impôts et le genre de denrées le plus sain devrait être exempt de toute charge.

Un chapitre entier du livre de Moheau, concernant l'hygiène du travail industriel, serait à citer, à raison des vues très modernes qu'il renferme. « Dans l'état actuel de la société, observe Moheau, on ne peut être logé, vêtu, nourri, éclairé, enterré sans qu'il en coûte la vie à des milliers d'individus » (3). L'auteur fait suivre cette déclaration d'une liste des principaux métiers destructeurs de l'espèce humaine, « qui les comprend presque tous ». Il gémit de voir une foule d'hom-

---

(1) MOHEAU, Recherches, liv. II, p. 5.
(2) MOHEAU, ibid, liv. II, p. 25.
(3) MOHEAU, ibid, livre II, p. 35.

mes se consumer en efforts pour des travaux dans lesquels des instruments pourraient suppléer des bras,
moins dangereusement pour l'humanité (1), et même
plus économiquement lorsque ces machines seraient per-
fectionnées. Mais il voit en même temps que le résultat
des progrès réalisés dans l'industrie a été, relativement
à la population, de créer une multitude de poisons
inconnus aux siècles précédents. Avec une pénétration
rare, Moheau note aussi les effets du climat, des aliments et des maladies endémiques sur le caractère et les
affections et la réaction de ce caractère et de ces affections sur la constitution physique de la population (2).

L'influence nécessaire des causes physiques sur la
santé, la fécondité et la durée de la vie humaine, n'est
pas seule à déterminer les progrès et les pertes de la
population. L'homme, en effet, par sa prudence et son
industrie, change l'ordre physique, « améliore ou per-
vertit l'état originaire ». Les institutions sociales, les
lois, les mœurs, les usages, tous ces facteurs ont une
action marquée sur le mouvement de la population.

La religion est mise au premier rang des causes
morales qu'examine l'auteur (3). A beaucoup d'égards.

---

(1) Parmi les travaux malsains, Moheau cite le broie-
ment des couleurs et l'emploi du blanc de céruse.

(2) V. MOHEAU, Recherches, p. 44.

(3) MOHEAU, ibid, p. 48. « Les mêmes choses que per-
vertit son imprudence, l'homme sage sait s'en servir et
les employer au bien de l'humanité... Il s'agit d'un arbre
précieux qui peut-être a besoin d'être émondé, mais qu'il
serait dangereux d'élaguer de trop près et qu'il serait in-
sensé de couper par le pied. »

elle favorise la conservation et la reproduction de l'espèce humaine, « puisqu'elle proscrit par des menaces de punitions éternelles tout excès contraire à la santé, les goûts qui séduisirent la Grèce et d'autres goûts déshonorants pour l'humanité. Elle pénètre dans le secret du mariage et proscrit tout acte de plaisir qui ne tend pas à la génération. » (1).

La prévention et la haine ont toujours exagéré la destruction anticipée de l'humanité qui résulte du célibat religieux. En tout cas, « la perte, dit-il, est balancée par des avantages infinis. » Le même esprit judicieux et pragmatique inspire les réflexions de Moheau relativement à la forme de gouvernement la plus avantageuse à la population. Le régime le meilleur c'est en principe celui dont il résulte pour chaque citoyen une existence sûre, libre et heureuse, celui où le sentiment du bonheur attache à la vie et à la société, où le citoyen a le désir de donner à l'Etat des citoyens et les moyens de les élever. Au reste, la forme du gouvernement, qui ne répond pas toujours à ^_ qu'annonce le titre qu'elle porte, influe moins sur le bonheur public que les institutions secondaires.

En ce qui concerne l'action des lois civiles, l'auteur, après avoir signalé combien peu de lois sont relatives aux personnes, tandis que presque toutes se rapportent à la propriété, affirme que la liberté est plus favorable à la population que la dépendance et qu'il serait imprudent de confier à la classe des riches, « qui ne

---

(1) MOHEAU, Recherches, liv. II, p. 50.

semble savoir jouir qu'en abusant », le bonheur d'une multitude d'hommes (1).

Le mariage étant une institution nécessaire pour assurer la santé publique et les moyens d'élever les enfants, il faut que les lois, les mœurs et les usages s'emploient à fortifier le lien conjugal (2). Partant de là, Moheau considère comme une institution « dangereuse dans nos contrées » le divorce, dont l'usage ne peut. être juste que lorsqu'il est dirigé et restreint par les mœurs (3).

Il est une institution que l'auteur juge comme une des principales causes de l'extinction des races, c'est le système des emprunts publics et des rentes viagères, qui fait perdre à beaucoup de gens « l'amour de leur patrie et celui de leur famille » (4). Moheau s'élève également contre les droits de masculinité et de primogéniture, mais leur influence nuisible à la population ne s'exerce guère, d'après lui, que dans la classe noble.

Comment la législation doit-elle encourager les mariages et la fécondité? Sur ce point, la critique de Moheau est fort instructive et se rapproche beaucoup des théories modernes.

---

(1) MOHEAU, Recherches, p. 66.

(2) MOHEAU, ibid, p. 70. « Cette folie fructueuse à la société, par laquelle les générations qui se succèdent se sacrifient sans cesse à la génération qui suit, cette illusion de l'avenir, assurent le bien-être de l'humanité et perpétuent l'espèce. »

(3) MOHEAU, Recherches, liv. II, p. 71.

(4) MOHEAU, Recherches, ibid, p. 86.

Il ne s'agit pas de récompenser le mariage et la
fécondité par des honneurs (1). C'est une autre absurdité que de vouloir exclure les célibataires des magis-
tratures les plus importantes (2), et ce n'est pas un
meilleur expédient d'accorder des pensions aux pères
de familles nombreuses, suivant l'exemple donné par
l'édit de Colbert en 1666 (3).

Les mesures à prendre sont plus simples et doivent
être plus efficaces. Il importe surtout d'organiser le
système fiscal conformément aux intérêts de la population, car « il est juste que les gens mariés jouissent
de plusieurs avantages et que les charges publiques
retombent moins sur eux que sur les célibataires, parce
que déjà ils supportent une charge considérable par le
nombre d'enfants qu'ils élèvent pour l'Etat » (4). On
voit ici quelle analogie frappante unit la pensée de
Moheau à la théorie actuelle de M. Bertillon, pour qui
« le fait d'élever un enfant doit être considéré comme

---

(1) MOHEAU, Recherches, liv. II, p. 88. « Il est ridicule
d'honorer l'action d'un homme qui suit le vœu de la
nature ou les talents physiques qu'il tient ue sa constitution. »

(2) Ibid, p. 88. « L'Etat a autant et plus besoin des
hommes à talents qu'ils n'ont besoin de l'Etat. »

(3) Ibid, p. 88. « Les prix donnés à la vertu prolifique
ne donnent pas les moyens de l'acquérir et l'expectative
de la pension ne peut être un objet d'ambition pour les
parents puisque l'éducation et l'entretien de douze enfants
leur coûtera plus que ne vaudra la gratification qu'ils reti-
reront de l'Etat. »

(4) Ibid, p. 89.

une forme de l'impôt » (1). Moheau réclame en faveur
du mariage et des familles nombreuses des modifications au droit successoral, des remises de capitation,
ainsi que l'exemption de la milice et des corvées.

D'une façon plus générale, il serait possible de favoriser la population en corrigeant les vices de la taille,
dont il résulte souvent la destruction des moyens de
subsistance et la nécessité de s'expatrier. Il faudrait,
au contraire, que toute jouissance qui ne peut exister
« que par une extinction de reproduction ou une per-
version de l'espèce humaine » fût frappée d'une forte
taxe, en sorte que « la loi de finances deviendrait un
règlement de police » (2).

Cependant, l'action des lois reste bornée, car sans
les mœurs, on ne peut espérer une population nombreuse.

Moheau souligne en termes décisifs l'action prépondérante du facteur moral sur le mouvement de la population. « La réflexion et l'esprit de calcul ne condui-

---

(1) BERTILLON, La Dépopulation de la France, 1911, p. 265
et su. « Il est juste que les familles riches, éminemment
imposables, soient particulièrement surtaxées lorsqu'elles
n'ont qu'un ou deux enfants. » M. Bertillon applique son
principe de dégrèvement en faveur des familles nombreuses à la contribution personnelle mobilière, à la patente
et aux droits de succession. V. dans son livre, p. 291, la
liste des propositions faites en ce sens au Parlement et
le système du général Toutée.

Voir aussi R. GONNARD, dans Revue d'Economie Politique, 1903.

(2) MOHEAU, Recherches, liv. II, p. 120.

raient pas à la propagation de l'espèce. Il faut que des motifs au-dessus de l'intérêt, le mépris des richesses et l'abstention du luxe déterminent à supporter cette charge domestique. Il faut aussi que l'attachement des enfants forme pour la vieillesse des parents une perspective de bonheur : ces sentiments sont le résultat des mœurs » (1).

Pour multiplier les mariages et les rendre féconds, la pureté des mœurs est nécessaire. Les conjonctions frauduleuses ne sont jamais productives comme ces unions approuvées par la loi et dont les fruits peuvent paraître sans déshonorer l'auteur (2). Mais si le libertinage pénètre dans le mariage et le corrompt, cette union perd son plus grand attrait (3). Moheau aborde ici la question, devenue si grave à l'heure actuelle, de la stérilité systématique, et il montre combien ce fléau sévissait déjà de son temps. « Les femmes riches, écrit-il, pour qui le plaisir est l'unique occupation, ne sont pas les seules qui regardent la propagation de l'espèce comme une duperie du vieux temps. Déjà ces funestes secrets inconnus à tout animal autre que l'homme, ces secrets ont pénétré dans les campagnes. On trompe la nature jusque dans les villages... Il est temps d'arrêter

---

(1) MOHEAU, Recherches, liv. II, p. 99.

(2) MOHEAU, ibid, p. 100.

(3) MOHEAU, ibid, p. 101. « La paternité devenue suspecte, quel homme voudra se soumettre au plus terrible de tous les impôts, celui de subvenir aux besoins d'une famille nombreuse ? »

celte cause secrète et terrible de dépopulation, qui ruine imperceptiblement la nation et dont, dans quelque temps, on s'occuperait peut-être trop tard » (1).

Ce résultat désastreux provient en partie de l'amour immodéré du luxe. Il en résulte en effet qu'on calcule son bonheur et ses jouissances sur la comparaison de celles d'autrui et que le manque de superflu est un malheur. « S'il y avait moins de différence d'un homme à un homme, si les terres et les possessions étaient partagées avec plus d'égalité, le bonheur serait estimé d'après la faculté de se procurer la subsistance physique avec quelque aisance: dès lors, on ne craindrait plus d'avoir des enfants, à l'éducation desquels on pourrait sacrifier un superflu que laisse toujours un régime économique » (2).

Le dérèglement des usages, des goûts et des plaisirs entraîne aussi des conséquences nuisibles à la population, et l'auteur observe que certains détails (3) ont parfois pour effet d'apporter dans les mœurs de grands changements.

Aussi bien Moheau ne se dissimule pas les terribles menaces que contiennent pour l'avenir les raffinements nouveaux de la civilisation. Il annonce en termes prophé-

---

(1) MOHEAU, Recherches, liv. II, p. 103.

(2) MOHEAU, ibid, p. 105.

(3) Moheau signale que trois choses ont contribué à une révolution dans les mœurs de la Capitale : le pavé, les carrosses et les lanternes, qui ont favorisé la désertion du foyer domestique.

tiques la destinée des peuples en voie de dégénérescence (1).

Après avoir examiné l'influence respective des divers facteurs, qui agissent sur le mouvement de la population. Moheau consacre les derniers chapitres de son ouvrage a rechercher comment se règle la population, relativement aux moyens de subsistance et comment doit agir le gouvernement pour fixer les nationaux dans le pays et pour faciliter les progrès de la civilisation.

L'auteur n'examine pas s'il appartient à l'Etat de pourvoir à la subsistance du peuple, mais il reconnaît que d'une manière quelconque il faut que celle-ci soit assurée.

La population dépend en effet principalement de deux causes combinées : l'abondance des choses nécessaires à la vie et la facilité qu'a chacun de les obtenir par la propriété du sol ou le travail (2). Cependant l'aisance du peuple n'est pas un thermomètre qui puisse exprimer avec précision le degré de population. Il y a beaucoup

---

(1) Ecoutez ceci, dit Moheau, citant le texte d'un auteur : « Quand on ne connaîtra plus de nations barbares et que la politesse et les arts auront énervé l'espèce, on verra les hommes peu curieux de se marier, dans la crainte de ne pouvoir entretenir une famille (tant il en coûtera de vivre chez les nations policées). Aussitôt qu'un peuple naturellement belliqueux sera tombé dans la mollesse et le luxe, la guerre viendra fondre sur lui de tous les côtés. Un empire qui dégénère ne songe qu'à accumuler des richesses ; c'est un appât pour les voisins qui, le prenant dans un temps de faiblesse, en ont bientôt fait leur conquête et leur proie. » Moheau, Recherches, liv. II, p. 108.

(2) Moheau, Recherches, liv. II, p. 138.

de pays où les habitants sont pauvres et néanmoins nombreux, tandis que certaines contrées où les choses nécessaires à la vie sont en abondance n'ont pourtant qu'une densité moindre de population. De là, cette conclusion qu'un état d'aisance moyenne, également éloigné de la richesse et de la pauvreté est la condition la plus avantageuse pour la population.

Moheau restreint sans la proscrire l'action de l'Etat, en matière de population. Toute loi prohibitive de l'émigration lui paraît non seulement injuste mais impuissante. Il voit dans le développement de la petite propriété un moyen plus efficace de maintenir la population dans le pays. Il voudrait que la loi facilitât les conventions qui conduisent à la répartition de la propriété par l'exemption des droits en faveur des petites acquisitions (1).

Il est une partie de l'administration qui sollicite également l'attention du gouvernement : Ce sont les améliorations concernant l'hygiène publique, qu'il s'agit de favoriser par des règlements de police. Le pavage et l'élargissement des rues, l'éloignement des hôpitaux et des cimetières, tout cela fait partie d'une police essentielle à la conservation de la santé publique (2).

Il n'est pas jusqu'au climat de certaines contrées qu'on pourrait améliorer par des travaux d'utilité publique, en facilitant le cours des eaux, en défrichant ou re-

---

(1) On peut rapprocher de cette idée les diverses lois modernes sur la petite propriété rurale.

(2) MOHEAU, Recherches, liv. II, p. 150.

boisant les montagnes. Tous ces changements, conclut l'auteur, pourraient, sous l'impulsion de lois sages et d'établissements utiles, être dirigés de la manière la plus avantageuse à la propagation et à la conservation de l'espèce.

L'ouvrage, dont nous venons de retracer les lignes essentielles, est au nombre de ceux que l'analyse la plus fidèle ne saurait résumer que d'une manière imparfaite.

Sous des apparences modestes il renferme un véritable trésor d'observations justes et de vérités durables. Sans doute, comme le disait Malthus (1), et comme après lui nous le répétons encore, il restait beaucoup à faire pour dégager tous les éléments du problème de la population. Mais on ne peut qu'être frappé du progrès considérable qui s'était accompli dans le mouvement des idées sur la population, pendant les vingt années qui suivirent la publication de l'Ami des hommes. Et l'on n'est pas moins surpris de constater une foule de points de contact entre la doctrine de Moheau et certaines de nos théories modernes. Par la richesse de ses informations, la rigueur de sa méthode, l'esprit scientifique et les sentiments philanthropiques, qui l'animent tout entier, le livre de cet auteur vient couronner de la façon la plus digne et la plus heureuse la série des travaux consacrés par les écrivains antérieurs du XVIIIe siècle, à la solution du problème de la population.

_____

(1) MALTHUS, Essai sur le principe de Population, 3e éd., Préface.

CONCLUSION

S'il est utile, pour avoir une pleine compréhension
des vérités dont nous disposons, de savoir comment
elles ont surgi et d'accorder à chaque doctrine une
place proportionnée à son importance historique, la
légitimité de la présente étude nous semble incontes-
table.

Il n'est plus permis, en effet, suivant une remarque
de M. Gonnard, de considérer l'*Essai sur le principe de
Population* « comme une production isolée et spontanée », et Malthus comme le premier auteur qui ait reconnu la gravité du problème de la population (1). Il est
notamment inexact de confondre indistinctement, comme le fait M. Nitti (2), dans une même catégorie, toutes

---

(1) V GONNARD : Les doctrines de la Population au
XVIIIᵉ siècle, dans la Revue de l'Histoire des doctrines
économiques et sociales, année 1908.

(2) V. F. NITTI : La Population et le système social, p. 19.
« Toutes les doctrines sur la loi de la population doivent
se diviser en deux catégories : doctrines antérieures et
doctrines postérieures à Malthus. »

les doctrines antérieures à celles de Malthus. Ce procédé
fait table rase des longs tâtonnements à la suite desquels l'esprit humain s'élève, dans tous les ordres de
connaissances, à la détermination des vérités générales
qui constituent la science. Celle-ci est le résultat du
travail de nombreuses générations, car il faut du temps
pour que la vérité se sépare de l'erreur et pour que
les relations entre les phénomènes soient sérieusement
constatées. Si la démographie comprend aujourd'hui
l'ensemble des notions relatives à l'état et au mouvement de la population, cette spécialisation n'en est
pas moins sortie peu à peu de l'étude d'abord aven-
tureuse des phénomènes démographiques, et les premiers pas faits dans cette voie par nos anciens auteurs
méritaient à coup sûr de retenir notre attention.

Ce qui résulte de l'examen que nous venons de faire
d'un certain nombre d'écrivains du XVIIIe siècle, ce
sont les progrès croissants qu'ils ont fait accomplir à
la question de la population, soit par le perfectionnement de la méthode, soit par les éléments nouveaux
de solution qu'ils ont recueillis.

Au premier point de vue, le XVIIIe siècle forme une
période tout à fait distincte dans l'histoire de la statistique française. Aux avantages qu'offrait déjà l'étude
numérique des faits sociaux comme instrument nécessaire de gouvernement, s'ajoute désormais l'intérêt
nouveau qu'elle présente comme instrument d'observation scientifique. Aussi bien, pour la démographie,
comme pour la plupart des sciences naturelles et sociales, le XVIIIe siècle est un véritable précurseur. Sans

doute nous ne sommes pas en présence d'une évolution régulière et coordonnée des recherches démographiques. Après la rédaction des *Mémoires des Intendants* et les publications diverses auxquelles elle donna naissance, dont la principale fut le tableau de la population dressé par Vauban dans sa *Dîme royale*, beaucoup d'auteurs ont traité la question de la population sans se soucier de la statistique. En l'absence d'informations précises, leur imagination se donne libre carrière. Sur la foi des écrits de Wallace et de Montesquieu, on croit aux évaluations les plus fantaisistes et l'on admet sans preuve l'hypothèse du dépeuplement progressif de la France.

Cette croyance, qui semble avoir cessé de correspondre à la réalité à partir de 1715, est d'autant mieux accueillie par les contemporains qu'elle vient suivant eux corroborer leurs critiques contre le gouvernement.

Ce n'est guère que dans la deuxième moitié du XVIIIe siècle que la méthode inductive finit par triompher en déterminant des recherches entièrement basées sur l'analyse des phénomènes démographiques. A défaut de dénombrement général et malgré les lacunes de l'état-civil, quelques auteurs s'appliquent à l'étude du mouvement de la population dans certaines provinces, pour en tirer par le calcul le nombre des habitants du royaume. En 1772, l'appui du gouvernement vient encourager ces tentatives. L'abbé Terray, contrôleur général des finances, ayant donné aux intendants l'ordre de faire tous les ans le relevé des naissances, mariages et décès dans leurs généralités, l'administration centrale connut dès lors chaque année le mouvement général de la population. C'est à l'aide de ces documents officiels que Moheau publie enfin une œuvre d'ensemble remarquable, la plus précise qu'on ait produite jusque-là en France, et qui permet de considérer son auteur comme un des créateurs de la démographie.

En même temps qu'elle s'affermissait sur le fondement solide des données expérimentales, la question de la population recevait une interprétation de plus en plus complète, par suite de l'évolution générale des idées en matière économique et sociale. Certes, il ne s'agit point là non plus d'un progrès continu dans la formation d'une doctrine nouvelle. Les théories particulières renferment des éléments disparates et les contradictions n'y sont pas rares. Cependant, si l'on s'en tient aux généralités, il résulte bien de notre exposé que la pensée des écrivains du XVIII° siècle s'est progressivement éloignée de la conception mercantiliste pour aboutir au système physiocratique, dans lequel nous avons pu constater certaines affinités avec la théorie de Malthus.

Dans le mouvement de réaction antimercantiliste qui caractérise la première moitié du XVIII° siècle, on voit s'ébranler le principe réglementaire, auquel se substitue l'idée de l'ordre économique naturel. Aux considérations politiques qui prédominaient à l'époque précédente s'ajoutent des considérations économiques et des préoccupations morales.

L'accroissement de la population ne paraît pas incompatible avec l'amélioration du sort de la classe inférieure, mais à la condition d'augmenter dans le pays la somme des moyens de subsistance, et pour cela il suffit d'écarter les obstacles artificiels qui s'opposent au développement de la production agricole. Cependant, certains auteurs chez qui nous trouvons un mélange d'idées libérales et autoritaires, conçoivent encore que la population peut être accrue par des moyens directs et réclament des encouragements au mariage et à la fécondité.

A partir de 1748, cette conception interventionniste ne rencontre plus la même faveur, même parmi les partisans les plus enthousiastes d'une population dense. L'*Ami des Hommes* se prononce nettement contre les stimulants artificiels de la population. L'idée de loi naturelle régissant la propagation de l'espèce devient familière à la majorité des écrivains. La supériorité qu'on attribue à l'agriculture, comme facteur de richesses, met en lumière le rapport étroit qui existe entre la productivité du sol et le nombre des hommes qu'il peut nourrir. Mais les auteurs qu'on désigne sous le nom d'agrariens ont une confiance illimitée dans les ressources de la nature. La production des subsistances est avant tout le fait de l'homme qui produit par son travail plus qu'il ne consomme. Aussi bien, persuadés que l'accroissement du nombre est le bien suprême de l'Etat, ces auteurs recherchent les causes dont l'action vient entraver le progrès de la population. L'influence respective des conditions économiques et des facteurs moraux est mise en évidence avec une perspicacité souvent remarquable. Les vices du régime administratif, les abus de la consommation improductive, l'abandon de l'agriculture, l'affluence vers les villes, l'amour du luxe et le désir de s'élever au-dessus de sa condition sont généralement dénoncés comme autant d'obstacles à la propagation de l'espèce. Jusque-là, c'était dans le travail et dans la terre qu'on voyait les facteurs principaux de la production des richesses. Il appartenait aux Physiocrates de mettre en lumière l'importance du capital, dont ils montrent la supériorité à l'égard du travail. Avec eux, le problème de la population se circonscrit sur le terrain proprement économique. Quesnay proclame qu'il faut être moins attentif à l'accroissement de la population qu'à celui des revenus. Ce qui fait la prospérité d'un Etat ce n'est pas le nombre de ses habitants mais la somme de ses revenus disponibles. Il y a une proportion convenable à établir entre les hommes et les richesses. Sans capitaux les hommes ne peuvent que multiplier leur misère. De toutes ces formules il résultait que l'accroissement de la population n'est un bien qu'à certaines conditions ; que les lois souveraines de la production agricole, déterminant les principes de l'ordre social, politique et moral, assujettissent l'individu à des règles qu'il ne peut enfreindre sans souffrir en ce qui concerne sa subsistance et la multiplication de son espèce.

Mais en revanche, pourvu que l'homme ne les trouble pas, ces lois de l'ordre naturel tendent à réaliser son bonheur.

L'une des premières conséquences de la doctrine physiocratique était d'assurer l'harmonie des intérêts, la justice et le bien-être pour tous les hommes. Optimistes résolus, guidés par une foi robuste dans la raison humaine, les Physiocrates, avec leur confiance dans le progrès matériel devaient écarter l'hypothèse d'une rupture d'équilibre entre la population et les moyens de subsistance. C'était un principe de leur système que l'accroissement de la population ne pouvait précéder celui du revenu foncier et d'autre part, ils avaient la conviction profonde que toute hausse des grains est rigoureusement compensée par une hausse équivalente des salaires. Ce qu'ils soutiennent en dernière analyse, c'est que leur doctrine est dans le fond, plus que tout autre, favorable à l'augmentation régulière en même temps qu'avantageuse des habitants du royaume.

Ce populationnisme éclairé des Physiocrates différait, on le voit, profondément de la thèse absolue des auteurs, qui posaient en principe que tout accroissement de la population devait entraîner une augmentation proportionnelle de la richesse. A plus forte raison, faut-il le distinguer de ce fatalisme optimiste de Luther dont la doctrine se résumait en ces termes : « Dieu crée les enfants et trouvera certainement le moyen de les nourrir » (1).

Évidemment, parmi les écrivains que nous avons passés en revue, aucun ne s'est montré l'ennemi d'une population nombreuse (2). La plupart, au contraire, se sont

---

(1) V. Œuvres complètes de Luther, éd. Walch, 1774, t. X, p. 742.

(2) Malthus lui-même n'est hostile qu'au trop grand nombre qui est cause de misère. « C'est méconnaître entièrement mes principes, dit-il, que de m'envisager comme ennemi de la population. Les ennemis que je combats sont le vice et la misère. » MALTHUS, Essai, p. 581.

accordés à reconnaître les avantages politiques et économiques de la densité de la population. Mais en aucune façon leur thèse ne fut aussi exclusive qu'on l'a prétendu
bien souvent, et l'on peut compter un assez grand nombre
d'écrivains pour qui l'accroissement du chiffre des habitants n'est pas le criterium le plus sûr de la prospérité
publique.

A cet égard, la pensée des auteurs français du XVIII*
siècle s'écarte non seulement de la conception mercantiliste mais encore du courant d'opinion, qui dans la seconde moitié du XVIII* siècle, particulièrement en Allemagne, continue de voir dans la multitude des sujets le
bien suprême de l'Etat et réclame l'intervention du gou-
vernemént pour favoriser par tous les moyens possibles
l'accroissement de la population (2)

La constatation de ces divergences est un résultat no-
table de l'étude historique. Dans le cercle des causes, qui
ont pu déterminer chez nous un affaiblissement exceptionnel de la natalité, ne faut-il pas, en effet, tenir
compte de l'ancienneté de ces caractères économiques et
sociaux, dont le développement se lie à ce qu'on appelle
la civilisation ? Il n'est pas douteux que les peuples parvenus aujourd'hui à un degré de civilisation analogue au
nôtre n'étaient pas au même point il y a cent ans ou deux

---

(1) Frédéric le Grand écrivait à Voltaire : « Je regarde
les hommes comme une horde de cerfs dans le parc d'un
grand seigneur et qui n'ont d'autre fonction que de peupler et de remplir l'enclos. » Mémoires de Frédéric, t. VI,
p. 82.

cents ans. La faveur avec laquelle fut accueillie dans notre pays la théorie de Malthus s'explique vraisemblablement par ce fait qu'elle trouvait en France un terrain mieux préparé, sur lequel elle fut mise en pratique d'une manière bientôt inquiétante.

La natalité française, dans la seconde moitié du XVIII⁰ siècle, était sans doute, suivant le témoignage de tous les auteurs (1), supérieure à celle du temps présent. De plus, on ne saurait incriminer, à l'époque où nous avons fixé le terme de nos recherches, les progrès de l'individualisme et la diffusion de l'esprit démocratique, ces deux causes de ralentissement de la natalité n'ayant guère poussé de fortes racines que durant le dernier quart du XVIII⁰ siècle.

Cependant que d'avertissements émus, que de cris d'alarme avaient déjà retenti, dénonçant l'origine lointaine des maux dont souffre aujourd'hui l'âme française.

Beaucoup d'auteurs avaient signalé depuis longtemps la restriction volontaire comme la cause principale de l'infécondité des classes supérieures de la société. Mais au début du règne de Louis XVI des témoignages dignes de foi (2) nous révèlent que cette corruption déplorable

_____

(1) Expillly, Messance, Moheau, et plus tard Necker, s'arrêtent au taux moyen de 1 naissance pour 25 ou 26 habitants (40 0/00). Il faut ajouter que pour l'enregistrement des naissances, en général il n'était pas tenu compte des enfants morts avant le baptême.

(2) Au témoignage de Moheau, que nous avons cité, ajoutons celui de l'abbé Nonotte, dans les Erreurs de Voltaire, c. 1. « On travaille à la population avec une économie aussi funeste aux mœurs qu'à l'Etat. »

commençait à s'étendre aux classes les plus nombreuses.

Ce n'est pas de notre temps que date en France la peur de l'enfant et la défaillance du sentiment de la famille. Cette prévoyance de myope, dont parle M. Levasseur, cet esprit follement calculateur qui pousse à l'exagération de l'épargne et le goût prédominant des places et des emplois publics, trouvaient dans la société du XVIIIe siècle un terrain favorable à leur expansion (1). C'est plus haut encore dans notre histoire qu'il faudrait rechercher les causes sociales de l'affaiblissement de l'esprit d'entreprise et de l'amollissement des caractères. La multiplication des emplois accessibles à la bourgeoisie, l'absentéisme des nobles et des grands propriétaires ruraux, la pléthore au centre et l'anémie aux extrémités, le développement des emprunts publics et la conversion progressive des capitaux en valeurs mobi-

---

M. Bertillon déclare dans son livre récent sur la Dépopulation (1911), p. 196 : « Il y a trois siècles que le peuple français se moque des familles nombreuses. »

V. aussi DES CILLEULS : La Population, p. 94. Faisant allusion au progrès des théories matérialistes : « Une coïncidence remarquable, dit-il, existe entre l'époque où commença le succès des doctrines dissolvantes et celle où les alarmes se répandirent au sujet de la population. »

(1) « Le fonctionnarisme, dit M. Clément, est pour la bourgeoisie ce que l'alcoolisme est pour le peuple : c'est le grand facteur de la déchéance morale. » CLÉMENT, La Dépopulation en France, 1907, p. 52. Au XVIIe siècle, divers auteurs exhalaient leurs plaintes à ce sujet. Loyseau, dans son Traité des offices, déplore ce qu'il appelle l'Archomanie. Le chancelier Daguesseau gémit d'un soulèvement universel de tous les hommes contre leur condition. V. LEVASSEUR, La Populaion franç., t. I, p. 231.

lières, l'oppression fiscale et le joug administratif qui pesaient sur l'agriculture, le commerce et l'industrie, toutes ces conséquences naturelles de la part excessive faite à l'Etat, sous le régime de la monarchie administrative, risquaient fort d'émousser l'énergie et la volonté des individus.

Aussi bien, si des éléments nouveaux, tels que les progrès du féminisme et de la capillarité sociale, sont venus renforcer dans notre société démocratique l'influence des facteurs psychologiques sur le mouvement de la population, il est bon de signaler, à côté des différences notables qui les séparent, les traits de ressemblance qui rapprochent de notre situation démographique celle de l'Ancien Régime à son déclin. Malgré les vicissitudes de la politique et les variations du milieu social et du milieu économique, on peut se demander si les caractères essentiels de la population française ne sont pas restés les mêmes.

Pour s'éclairer sur ce point, il suffit d'interroger nos écrivains du XVIIIe siècle. On trouve dans leurs écrits une foule d'observations de la plus grande actualité. Le temps, qui n'a pas justifié les prévisions de Malthus, n'a fait que confirmer, au contraire, la plupart des conclusions qu'inspirait à nos ancêtres la crainte de la dépopulation et le souci de défendre l'unité nationale, au prix des réformes sociales, des progrès techniques et des efforts moraux que nécessite, pour les peuples comme pour les individus, la lutte pour la vie.

Vu :

Le 9 Décembre 1911,

Pour le Doyen, l'Assesseur,

L. JOSSERAND.

Vu :

Le 7 Décembre 1911.

Le Président du Jury de la Thèse,

R. GONNARD.

Permis d'imprimer :

Lyon, le 10 Décembre 1911.

Le Recteur de l'Académie,

JOUBIN.

TABLE DES MATIÈRES

BIBLIOTHEQUE   NATIONALE

SERVICE DES NOUVEAUX SUPPORTS

58, rue de Richelieu, 75084 PARIS CEDEX 02 Télephone 266 62 62

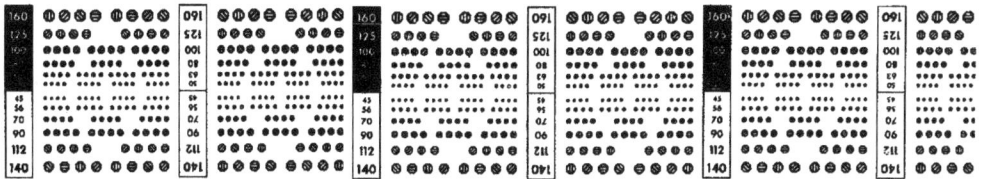

Achevé de micrographier le :   15/11/1976

0   2   3   4   5   6   7   8   9   10   11   12   13 cm

Défauts constatés sur le document original

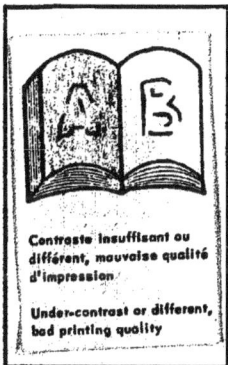

Contraste insuffisant ou
différent, mauvaise qualité
d'impression

Under-contrast or different,
bad printing quality